Beck'sche Reihe
BsR 1021

W0180810

Die zeitgenössischen Dramen voller Schicksal und Tragik und Liebe finden nicht mehr auf den überholten Bühnen der Stadttheater statt, sondern in den Fußballstadien. Was vermag die jambische Strecke eines Schillerschen Monologs gegen einen Flankenlauf von Zickzack Cebinac oder Stan Libuda? Was vermittelt uns ein Shakespearescher Theatertod im Vergleich zu einem entscheidenden Kopfballtor in der 92. Minute?

Denn der Fußball ist schon lange kein harmloses Freizeitvergnügen mehr. Als „Sportart Nr. 1" der Deutschen liefert er ein getreues Spiegelbild ihrer Seelenzustände; im Laufe der Jahre hat er sich genauso geändert wie seine Zuschauer. Dieser Alltags- und Mentalitätsgeschichte des Fußballs spürt Helmut Böttiger hier erstmals nach – den sozialgeschichtlichen Hintergründen der Traditionsvereine ebenso wie der Berichterstattung und -beerdigung in den Medien, dem Aufstieg und Fall der deutschen Nationalelf wie der Ablösung des Fußballs als Leitsportart durch das Tennis: ein Hohelied auf einen Sport, in dem sich soziale und kulturelle Tendenzen als ästhetisches Phänomen spielerisch darstellen. Und, in Anbetracht der jüngsten Entwicklungen, auch ein Hilfeschrei in letzter Minute.

Helmut Böttiger, geb. 1956, ist promovierter Germanist und arbeitet als Feuilletonredakteur der ‚Frankfurter Rundschau' in Berlin. Seine essayistischen Betrachtungen über den Fußball erschienen seit 1987 in verschiedenen Zeitungen, meist in der ‚ZEIT'.

HELMUT BÖTTIGER

Kein Mann, kein Schuß, kein Tor

Das Drama des deutschen Fußballs

VERLAG C.H.BECK MÜNCHEN

Mit 21 Abbildungen

Die Deutsche Bibliothek – CIP-Einheitsaufnahme

Böttiger, Helmut:
Kein Mann, kein Schuß, kein Tor : das Drama des
deutschen Fußballs / Helmut Böttiger. – Orig.-Ausg. –
München: Beck, 1993
   (Beck'sche Reihe ; 1021)
   ISBN 3 406 37411 5
NE: GT

Originalausgabe
ISBN 3 406 37411 5

Umschlagentwurf: Uwe Göbel, München
Umschlagabbildung: Pressefoto Baumann, Bilderdienst Süddeutscher Verlag
© C.H. Beck'sche Verlagsbuchhandlung (Oscar Beck), München 1993
Gesamtherstellung: C.H. Beck'sche Buchdruckerei, Nördlingen
Gedruckt auf säurefreiem,
aus chlorfrei gebleichtem Zellstoff hergestelltem Papier
Printed in Germany

Inhaltsverzeichnis

I. Das Unbehagen in der Fußballkultur

II. Die Mentalitätsgeschichte der Bundesliga: Bayern München und seine Gegner

III. Vereine als in sich geschlossene Sinneinheiten

IV. Historische Probebohrungen

Vorwort

Nirgends ist der Abgrund zwischen den Intellektuellen und dem Volk größer als in Deutschland. Deshalb ist das Drama des deutschen Fußballs noch nie so recht ins Rampenlicht gerückt worden. Was man gemeinhin über den deutschen Volkssport Nr. 1 liest, geht selten über die 1:0-Berichterstattung hinaus, über das Abhaken des bloß Faktischen. Denn die Künstler rümpfen die Nase über die gemeinen Spiele des Volkes. Die paar deutschen Dichter, die sich mit dem Fußball beschäftigten, blieben verquere Außenseiter (Ror Wolf) oder wandten sich schnell den artgemäßen Dingen der Innerlichkeit zu (Handke). Doch was vermag die jambische Strecke eines Schillerschen Monologs gegen einen Flankenlauf Garrinchas oder Libudas? Was besagt ein Shakespearescher Theatertod gegen das entscheidende Kopfballtor in der 92. Minute? Die zeitgenössischen Dramen voll Schicksal und Tragik und Liebe finden nicht mehr auf den überholten Bühnen der Stadttheater statt, sondern in den Fußballstadien.

Das vorliegende Buch versucht, sich dem Phänomen des Fußballs wie jedem anderen kulturellen Ereignis anzunähern. Allzu lange führte der Fußball ein Mauerblümchendasein in den unübersichtlichen Spalten des Sportteils; das Feuilleton, sein eigentliches Metier, ließ ihn immer links liegen. Das sollte anders werden. Vereine wie Gladbach, St. Pauli, Schalke oder der „Club" waren schon immer in sich geschlossene Sinneinheiten, deren Entwicklungen viel eher mit den Mitteln der Theater- und Literaturkritik zu erfassen sind als mit Stoppuhr und Statistiken. Und die Sprache, die dem Fußball angemessen ist, ist nicht die Angestelltensprache des landläufigen Sportjournalismus, aus der alles künstlerisch Entgrenzende getilgt ist.

Es gab des öfteren Versuche, über den Tellerrand hinauszublicken und Fußball als Phänomen ernstzunehmen. Das geschah in Deutschland aber ausschließlich unter dem Blickwinkel der Gesellschaftswissenschaften, des scheinbar objektiven Rubrizierens: Sozialverhalten, Aufstiegsmuster, Fananalyse. Eine Ästhetik des Fußballs ist nie geschrieben worden. Dabei wäre sie dringender denn je. Denn so, wie der Fußball sich immer mehr der Dienstleistungsgesellschaft angepaßt hat, so sehr schwindet auch seine Bedeutung. Wir befinden uns mitten in einem Prozeß, in dem der Fußball als die deutsche Leitsportart von Tennis abgelöst wird: Geht der Fußball, als Mannschaftssportart mit einem sensiblen Verhältnis zwischen einzelnem und Gemeinschaft, dialektisch vor, so funktioniert Tennis nur noch nach dem digitalen Plus-Minus-Schema. Dabei gerät der Fußball, seiner Ursprungsimpulse beraubt, in Gefahr, dem Tennis immer ähnlicher zu werden. Der argentinische Philosoph César Luis Menotti hat schon früh gewarnt: „Das Spiel basiert auf Inspiration, auf Einsatz zu Diensten der Intelligenz. Nur dann ist Fußball ein kulturelles Phänomen". – ‚Kein Mann, kein Schuß, kein Tor': Dieses Buch über den Fußball als Kunst ist auch ein Hilfeschrei in letzter Minute.

Berlin, im März 1993   H. B.

I. Das Unbehagen in der Fußballkultur

1. Wie die Dichter leiden

Seit jeher spürt der Deutsche den Riß durch die Welt. Zustände wie in russischen Fußballstadien oder auf Komsomolzenplätzen sind kaum denkbar, wo Lyriker wie Jewtuschenko vor hunderttausend Zuschauern auftreten; der Gedanke an brasilianische Dorfstraßen gar, wo der wandelnde Romancier ehrerbietig gegrüßt wird. Mit dem Fußball ist es so wie mit der Sinnlichkeit – der Alltag steht festgemauert da, doch nur wenn die Mauer ins Wanken gerät, ereignet sich das Außerordentliche.

Der Deutsche hat Bier und Bockwurst oder pfälzischen Saumagen im Tornister und entwickelt einen trotzigen Stolz auf diese Beschränkung. Das Künstlerische hat den Ruch des Abseitigen, des Fremdartigen. Die deutschen Fußballer hassen gemeinhin das allzu Überfliegerische, sie operieren mit ihrem gesunden Menschenverstand. Franz Beckenbauer ist die Symbolfigur des deutschen Elends, er kann „die echten oder selbsternannten Intellektuellen" gar nicht leiden. In seiner Autobiographie ‚Ich – wie es wirklich war' schreibt er über sie: „Sie sind meist in den sogenannten seriösen Blättern zu finden, blicken amüsiert auf die Kollegen in der Sportredaktion und angewidert auf die aus den Boulevardzeitungen herab, und aus jeder ihrer Zeilen ist herauszulesen, daß nur sie in der Lage seien, zu erkennen und zu schreiben, was wirklich Sache ist".

Der Widerspruch zwischen Fußball und Kultur hat in Deutschland eine lange Geschichte. In den fünfziger Jahren waren die gemeinen Spiele des Volkes noch zu sehr mit Bratwurstgeruch und lauwarmem Bier verbunden, als daß ein Flicken dieses Risses denkbar gewesen wäre. Im dumpfen Mief der Adenauer-Ära mußten die Weltmeister von 1954 wie Katalysatoren der Verdrängung wirken, selten war die Kluft zwischen

Abb. 1. Die „Gruppe 47", die seinerzeit repräsentative bundesdeutsche Schriftstellervereinigung, konnte es anläßlich ihrer Tagung im Mai 1972 in der Erdener Straße 8 in Berlin-Grunewald nicht lassen, im ruhigen entlegenen Park der Villa Fußball zu spielen: Wir sehen den breiten Rücken des Nicolas Born, der den Ball führt, dann von links: Walter Höllerer in Lauerstellung, Peter Weiss hält sich im Hintergrund eher bedeckt, Wolfgang Ramsbott, Joachim Kaiser und Jürgen Becker. (©: Renate von Mangoldt, Berlin)

dem Volk und den mahnenden Intellektuellen größer. Noch in Heinrich Bölls, des großen Moralisten dieser Epoche, ‚Ansichten eines Clowns' von 1962 ist die Rede von „diesem verfluchten, stundenlangen Fußballspielen", und Wolfgang Koeppen sitzt in seinem nachkriegsexpressiven ‚Treibhaus' aus dem Jahre 1953 wie das Kaninchen vor der Schlange: „Spannung liegt über der Fußballarena in Köln. Der Erste Fußballclub Kaiserslautern spielt gegen den Ersten Fußballclub Köln. Es ist belanglos, wer siegt; aber zwanzigtausend Zuschauer beben. Spannung liegt über dem Spielfeld in Dortmund. Der Verein Borussia Dortmund spielt gegen den Hamburger Sportverein. Es ist völlig gleichgültig, wer siegt; niemand wird deshalb hungern, weil Hamburg gewinnt, niemand wird entsetzlich sterben, weil Borussia mehr Tore schießt; aber zwanzigtausend Zuschauer beben. Das Spiel im Plenarsaal erreicht jedermanns Brot [...], aber im Plenarsaal zittert die Spannung nicht, keine Tausend sind bewegt. Mit Recht breitet sich Langeweile aus. Die siebenmal gesiebten Zuschauer sind enttäuscht von dem Spiel. Die Journalisten kritzeln Männchen auf ihr Papier; die Reden bekommen sie im Klischee, und das Ergebnis der Abstimmung steht fest. Man kennt das Torverhältnis zwischen den Gegnern, und niemand wettet auf den Verlierer".

Daß Koeppen überhaupt nicht ahnt, was auf den „Fußballarenen" und „Spielfeldern" wirklich gespielt wird, ist deutlich. Er versucht nur relativ hilflos, eine anonyme Kraft der Masse und des wirklichen Lebens gegen die Mauscheleien und Intrigen des Deutschen Bundestages zu setzen, doch von dieser für ihn so anonymen Macht versteht er nichts. „Es ist völlig gleichgültig, wer siegt" – das ist so leicht dahingesagt. Koeppen interessiert sich für den Hunger und für den Krieg, und das verrät ihn: Bundestag und Adenauersumpf wie auch das Fußballbeben des Pöbels verschmelzen für ihn zu ein- und demselben, obwohl er sie als Gegensatz ausbaut, nur der einsame Ästhet steht auf der anderen Seite. „Es ist belanglos, wer siegt" – das ist so arrogant, wie auf der anderen Seite falsch beobachtet ist, daß die Journalisten „Männchen kritzeln". Die haben schon immer, und in den fünfziger Jahren vor allem, Weibchen gekritzelt. Und die bemühte Symbolik mit Torverhältnis und Ergebnis sowie Abstimmungen und Parteienproporz beweist nur den ungeheuren Abstand des Schriftstellers von dem nach Sinn dürstenden Volk.

Kaum vorstellbar, daß ungefähr zur selben Zeit Albert Camus auf der Tribüne von Racing Paris saß. Als ihn die Kunde vom Nobelpreis erreichte, riß er jubelnd die Arme hoch. Die blauweiß gestreiften Racing-Trikots erinnerten ihn an den Club in Algier, bei dem er einst Torwart gewesen war. Aus einem dieser Spiele hatte er sich eine Erkältung geholt, die sich zur Lungenentzündung auswuchs und schließlich in eine Tuberkulose mündete. Die Krankheit führte dazu, daß er nicht Lehrer in Algerien wurde, sondern Dichter in Paris. Und die Jugend des

Fußballclubs von Lourmarin in der Provence, wo Camus sich gegen Lebensende niedergelassen hatte, trug seinen Sarg zu Grabe.

In Deutschland wurde der Ausruf des Grafen von Kent in Shakespeares ‚Lear' zu Gonerils Haushofmeister – „Thou base football-player", „du niederträchtiger Fußballspieler" (I, 4; Übersetzung: Wolf Graf Baudissin) – allzu wörtlich verstanden, allzu ernst. Vor allem in den werkimmanenten fünfziger Jahren.

Mitte der sechziger Jahre brach jedoch etwas auf. Es blieb einem jungen Langhaarigen mit richtungslosen Sehnsüchten vorbehalten, gewisse Flanken zu öffnen. Etwas verschämt tat er dies, fürwahr, und nur den wirklich ins hermeneutische Instrumentarium Eingeweihten gelingt es heute, seine verborgenen Empfindungen an die Oberfläche zu fördern. Im Aufsatzband ‚Ich bin ein Bewohner des Elfenbeinturms' von Peter Handke aus dem Jahre 1972 ist ein kleiner Text versteckt, der im Inhaltsverzeichnis gar nicht aufzufinden ist, weil er in der Rubrik ‚Freundliche Feuilletons' verschwindet: ‚Die Welt im Fußball'.

Anfang der siebziger Jahre ist Handke bereits so verschreckt, daß er sich dafür entschuldigen muß: Geld habe er halt gebraucht, anno 1965, und der Österreichische Rundfunk habe ihm für eine Viertelstunde dreihundert Schilling gezahlt. In der Einleitung rechtfertigt er sich: „Über Fußball wußte ich weniger zu schreiben, also schwindelte ich mir die 300 Schilling eher zusammen." Ach, wäre er seinem Ursprungsimpuls vorbehaltlos gefolgt! In seinem Prosastück sind Erkenntnisse enthalten, die das Wesen des Fußballs in seltener Genauigkeit umreißen: „Der Fußball hat von Natur keine Seele. Er ist ein Gegenstand und als Gegenstand von Natur im Zustand der Ruhe. Als Gegenstand ist er passiv. Er wird behandelt, und es wird mit ihm umgesprungen." Solche Sätze umreißen das Genialische bei Handke: Man weiß bei ihm nie, wo das Einfache aufhört und wo das Große beginnt. Die deutsche Sprache und der Fußball waren in ein flirrendes Wechselverhältnis getreten, das vieles erahnen ließ.

Und es ist Handke in dieser Phase gelungen, jenen Text geschaffen zu haben, der bis heute gültig ist, in dem jedes Wort wie ein Edelstein geschliffen scheint und am richtigen Platz glitzert. Er schrieb 1968 das Gedicht:

Die Aufstellung des 1. FC Nürnberg vom 27. 1. 1968

Wabra

Leupold   Popp

Ludwig Müller   Wenauer   Blankenburg

Starek   Strehl   Brungs   Heinz Müller   Volkert

Spielbeginn:
15 Uhr

Irritationen blieben trotzdem. Es war nicht Peter Handke, der während des Gipfelsturms der Nürnberger mit den Flankenläufen eines Schorsch Volkert, den wuseligen Strafraumarbeiten von Gustl Starek und dem vollstreckenden „Goldköpfchen" Franz Brungs neben Trainer Max Merkel auf der Auswechselbank saß – es war sein Landsmann Udo Jürgens. „Kultur" war doch genauer definiert, als mancher es zu dieser Zeit wahrhaben wollte. Also machte sich in Frankfurt der Schriftsteller Ror Wolf daran, programmatisch den Fußball mit der antiautoritären und lustbefreienden Bewegung zu verbinden. Unter dem Titel ‚Punkt ist Punkt' veröffentlichte er eine Sammlung von Montagen und Collagen, die formal voll auf der Höhe ihrer Zeit stand. Hier wird der Fußball heimgeholt in die Sphären der ästhetischen und gesellschaftlichen Avantgarde. Das Privileg, das die Populisten an den Sportmikrophonen und in den Sportteilen der Gazetten hatten, wurde von Ror Wolf offensiv angegangen: Er fügte die vorgegebene Sprache der Fußballreportage in völlig neue Koordinaten ein und drang in ungeahnte Dimensionen vor:

„Plötzlich machte sich Emma frei auf diesem schlüpfrigen Boden, das war eine gute Gelegenheit, also fackelte Friedrich nicht lange und schob ihn gemächlich hinein. Emma bot sich noch einmal an, da war Paul nicht mehr zu halten, Emma wurde gelegt, und Paul bohrte unermüdlich. Jetzt kam auch der Dicke durch, vorne war alles offen, Lutz war eingedrungen, er hatte endlich das Loch gefunden, denn Hertha zeigte auf einmal erschreckende Blößen, Emma wälzte sich auf der Linie im Schlamm, doch in diesem Moment befreite sich Hertha aus der Umklammerung, Lotte schüttelte Friedrich ab, Emma zog sich zurück, aber der Dicke stieß nach in die Tiefe, die unerhört schnellen Mönche hetzten die blauweiße Hertha über den Rasen, bis ihre Abwehr erschlaffte." Eine neuartige Prosa, vollständig aus Originalzitaten im Stadionrund montiert!

Man konnte Anfang der Siebziger fast von einer Fußball-Bewegung sprechen, so wie man kurz vorher von einer Studenten-Bewegung gesprochen hatte. Das Feld der Betätigung verlagerte sich zusehends von der Politik in die Ästhetik; so wie man auf der einen Seite recht schnell ins Abseits geriet, geriet man auf der anderen ins Zentrum. Alte Lehrmeister wurden entdeckt: „Mehr guten Sport", hatte Brecht in einem Aufsatz dieses Titels 1925 gefordert und damit versucht, das Publikum der Sportpaläste in die Theater zu locken; sein Programm schien jetzt wieder äußerst aktuell zu sein: „Unsere Hoffnung gründet sich auf das Sportpublikum".

Eine große Versöhnung schien möglich, eine gemeinsame Aktion aller gesellschaftlichen Interessengruppen im Dienste einer guten Sache. Es war die Zeit, in der der beste deutsche Fußball aller Zeiten gespielt wurde, in der während einer kurzen Phase im Jahr 1972 zuerst das konstruktive Mißtrauensvotum gegen Willy Brandt im Bundestag abgeschmettert wurde und die Neuwahlen einen nie dagewesenen Wahlsieg der SPD brachten, und dann kam es zu einer Koalition zwischen den beiden großen Kontrahenten in der Nationalmannschaft, Bekkenbauer und Netzer. Beim legendären 3:1-Sieg in Wembley gegen England am 29. April verwirrten die Deutschen die Engländer mit ihrem neuen Schaukelprinzip: Mal stieß Beckenbauer nach vorn und Netzer blieb hinten, mal löste sich Netzer und Beckenbauer spielte Libero.

Schöner konnte Fußball nicht mehr gespielt werden. Die weiten Pässe Günter Netzers atmeten den Geist der Utopie, plötzlich befand man sich im Offenen, und die langen Haare des

Regisseurs mit Schuhgröße 47 – diese langen Haare, die im Mittelfeld wehten und beim Antritt die ganze Brisk- und Schuppen- und Faconschnittästhetik der fünfziger Jahre vergessen ließen – diese langen Haare wollten mehr. Sie wollten etwas anderes, es ging um Entgrenzung, um Loslösung vom sicher Geglaubten. Nicht umsonst ist der von Karlheinz Bohrer inspirierte Titel der anläßlich der Weltmeisterschaft 1974 herausgegebenen Anthologie: ‚Netzer kam aus der Tiefe des Raumes' in den ewigen Vorrat der deutschen Poesie eingegangen.

Der damalige Bundestrainer hieß Helmut Schön. Auch der konnte sich nicht mehr entziehen. Als er Wolfgang Buhl vom Bayrischen Rundfunk 1978 für ein Feature ins Mikrophon sprach, enthüllte er: „Ich will nur einmal sagen, daß ich mit der Nationalmannschaft, wenn wir uns drei Tage vor einem Spiel treffen, nahezu jedesmal, wenn es möglich ist, ein Theater besuche. Zunächst hatte ich gewisse Bedenken, ich dachte: Na ja, hoffentlich kommt es gut an, und sie amüsieren sich, ist das wirklich eine gute Ablenkung und Entspannung? Aber dann ging es soweit, daß mich bei Spielen zum Beispiel der Gerd Müller fragte, wenn wir uns wieder trafen: Herr Schön, gehen wir heute abend wieder ins Theater?"

Imposante Vorarbeiten zu diesem Schub nach vorn, dessen gesellschaftliche Konsequenzen gar nicht auszudenken waren, hatte neben dem grundlegenden Brecht auch Jean Paul Sartre geleistet: In seiner ‚Kritik der dialektischen Vernunft' (Paris 1960; auf dt.: Reinbek 1967) geht es letztlich darum, die Entfremdung des einzelnen zu überwinden. Dazu ist die „Gruppe" entscheidend, deswegen tauchten nach 1968 ja an allen Universitäten diverse Arbeits-, Seminar- und Institutsgruppen auf. Die Funktion solch einer Gruppe untersucht Sartre allerdings anhand einer Fußballmannschaft. Und er stellt klar, daß hier zuallererst der Gefahr erneuter Entfremdung begegnet werden müsse. Der beste Fußball wird tatsächlich von einer Mannschaft gespielt, in der zwar jeder einzelne ein Individualist ist, sich aber mit seiner spontanen Subjektivität immer in den Dienst der Mannschaft stellt. Diese Dialektik zwischen dem einzelnen und der Gemeinschaft ist die Grundbedingung fortschrittlichen

Handelns. Der Fußball kann hier als Vorbild dienen: „Das Individuum überschreitet sein gemeinsames Sein, um es zu verwirklichen; man *ist nicht* Tormann oder Läufer wie man Lohnarbeiter *ist*".

Bei Sartre ist aber auch schon nachzulesen, was ihm, wie dem Fußball überhaupt, in seiner deutschen Rezeption zum Verhängnis wurde: „Bei einem Fußballspiel kompliziert sich allerdings alles durch die Anwesenheit der gegnerischen Mannschaft." Sie trat in Form des deutsch-akademischen Sektierertums, der teutonisch-dogmatischen Verhärtung auf. An der Universität etablierte sich diese Haltung in der neuen Disziplin „Soziologie". Gerhard Vinnai schrieb in seiner 1970 in Frankfurt erschienenen Dissertation ‚Fußballsport als Ideologie' Sätze wie: „Auch von der Bewußtseinsinstanz der Spieler wird die Verwandlung in einen technischen Apparat verlangt. Den Tausenden auf den Rängen liefern hier 22 Athleten genormte Verrichtungen, die denen während des Arbeitsvollzugs gleichen. Die inhaltlichen Differenzen gegenüber der Arbeit sind dabei unwesentlich".

Einer wie Vinnai wollte die kapitalistische Knebelung des Fußballs durch Spielregeln geißeln, gleichzeitig sei das Ganze aber Opium fürs Volk: starker Tobak. Binnen kurzer Zeit wurden alle Hoffnungen zunichte gemacht. Auch die Feministinnen trugen das Ihre dazu bei. Die Kriminalautorin Uta-Maria Heim schrieb in einem Beitrag für das ‚Jahrbuch der Erotik' unter dem Titel ‚Ein Mann, ein Schuß, ein Tor. Weibliche Gedanken zur Erotik des Schießens' über die bundesdeutsche Demokratie scharfzüngig: „Sie stützt sich auf drei Pfeiler: auf das Militär, auf die Polizei und auf den Fußball. Das sind die drei Bereiche, in denen geschossen wird. Und da geschossen wird, und da die Frau aus biologischen Gründen nicht schießen kann, muß der Mann die Gewalt allein unter sich aufteilen".

Intellektuell verstiegene Wortführer, versponnene Sektierergruppen wie Vulgärsoziologen und Vulgärfeministinnen verspielten die große Chance, die Brecht und Sartre vorbereitet hatten. Ror Wolf war nicht der durchschlagende Erfolg vergönnt, den er verdient gehabt hätte. Und daß das mit der deutschen Revolution so nicht geht, mußte bitter auch Peter Handke erfahren – 1969 erkannte er eine Standardsituation aus dem Bereich des Fußballs als die existenzielle Leere, in die er unaufhaltsam vorzustoßen begann: Seine Erzählung über das Flackern des modernen Ich hieß ‚Die Angst des Tormanns beim Elfmeter'. Peter Radenkovic, der damals ungeheuer populäre Torwart von 1860 München, schaute sich den Band an und sagte bloß: „So'n Quatsch!"

Kaum einer wagte sich mehr hervor. Trotz seines ungestümen, eindringlichen Tons wirkt bereits Eckhard Henscheids Flehen wie ein Nachtarocken, wie ein Rückzugsgefecht: In den ‚Vollidioten' bittet er ein paar Zeilen lang Helmut Schön, den Frankfurter Hölzenbein in den Kreis der Nationalmannschaft aufzunehmen. Mit derlei dogmatischen Verhärtungen endete der Versuch jener Jahre, einen Schritt vom Elitären weg zu den Massen zu machen. Auch Ror Wolf mußte eingestehen:

„Ich erinnere mich daran, daß das Frankfurter Schauspielhaus mal die Mannschaft der Eintracht Frankfurt eingeladen hat zu einer Generalprobe. Ich weiß nicht, um welches Stück es sich da handelte. Es war sicher kein schwieriges, kein zeitgenössisches Stück. Nehmen wir an, es war Shakespeare oder irgend etwas in dieser Art. Einfach als Dankeschön für die Spannungsvermittlung vom Samstag, denn die Schauspieler und die Regisseure sind ja auch alle Eintracht-Fans. Die Mannschaft, die geschlossen mit Trainer Weise, damals noch, erschienen ist, ging in der Pause mürrisch und gelangweilt weg. Und da waren die Schauspieler wahnsinnig traurig, denn sie wollten natürlich das gleiche Sensationserlebnis vermitteln, das sie samstags sozusagen vom Fußballplatz haben".

Tief in der Geschichte vergraben und z. T. durch den Faschismus zerstört sind die Begegnungen zwischen Künstler und Fußball, die wirklich glücklich waren. Als Franz Kafka schon sehr krank war und bettlägerig, versuchte ihn sein Schwager Josef David damit zu trösten, daß Hakoah gegen West Ham United auf deren Londoner Platz mit 5:0 gewonnen hatte – eine Sensation zu dieser Zeit. Hakoah Wien war die erste kontinentale Mannschaft überhaupt, die auf der britischen Insel gewinnen konnte: Und Hakoah war ein programmatisch jüdischer Sportverein. Zu ihm bekannte sich Kafka. Josef David, ein Christ und ein Tscheche, der eine Zeitlang in England gelebt hatte und Fan von West Ham war, muß es schwer angekommen sein, diese Niederlage seines Lieblingsvereins zu verkraften. Kafka fand ein paar Wochen später auch die passenden Trostworte für ihn: Da hatte Hakoah nämlich bei Davids Heimatklub, Slavia Prag, verloren. „Ärgere Dich nicht wegen der großen Arbeit", leitete Kafka daraus für den vielbeschäftigten Juristen David ab.

David war der Ehemann von Kafkas Lieblingsschwester Ottla, und wir können anhand der ‚Briefe an Ottla und die Familie', die 1974 herausgegeben wurden, aber in der handelsüblichen Taschenbuchkassette nicht enthalten sind, nur dunkel ahnen, was Kafka und Josef David miteinander sprachen, wenn sie sich begegneten. In den Briefen an Ottla, die Kafka vom grauen, kalten Berlin nach Böhmen schickte, nehmen die tschechischsprachigen Abschnitte für David mit der Zeit zu; ein neckischer, kennerischer Ton schleicht sich da ein. Durch die Zeugnisse, die es über Kafkas Berliner Zeit, der Zeit bis kurz vor seinem Tod gibt, wissen wir um seine düsteren Lebensverhältnisse – doch wenn er mit David zusammenkam, müssen sie oft über Fußball gesprochen haben: über das Aufblühen Hakoahs, das 1925 gar österreichischer Meister werden sollte, und über die dubiosen Schriften eines Berliner Professors Vogel. Kafka hatte die zionistische Wochenzeitung ‚Selbstwehr' abonniert, und als dort eine verstiegene Artikelserie begann, schrieb er gleich an David: „Schlage übrigens die letzte Selbstwehr auf. Professor Vogel schreibt dort wieder gegen den Fußball, vielleicht hört der Fußball jetzt überhaupt auf" (3. Okt. 1923).

Welche Bedeutung Hakoah für die Juden hatte, macht auch Friedrich Torberg deutlich. Er spielte selbst bei diesem Verein; zu Wolfgang Buhl vom Bayrischen Rundfunk sagte er, daß schon allein deswegen „eine jüdische Verletzbarkeit nicht gegeben" war: „Ich habe überhaupt nicht kapiert, warum ich verletzbar sein oder warum ich mich minderwertig fühlen sollte. Wir haben mehr Tore geschossen als die anderen, wir sind schneller gelaufen und schneller geschwommen als die anderen. Ich habe mich nie minderwertig gefühlt dank dem Sport".

Als das Habsburgerreich auseinandergefallen war, gab es zwischen seinen Trümmern, Kafka läßt es uns ahnen, eine historisch seltene Gelegenheit für den Fußball, eine mitteleuropäische Kulturmelange herzustellen: Das berühmte österreichische „Wunderteam" Anfang der dreißiger Jahre hatte seine Wurzeln darin, und sogar die legendäre ungarische Nationalmannschaft um Ferenc Puskas zehrte noch von dieser einzigartigen Konstellation. Damals herrschte im neuen Staat Österreich, der sich nie von der Habsburgermonarchie erholte, eine strukturelle Krise – in den Slumgebieten und Zinskasernenvierteln Wiens wuchsen Fußballspieler heran, die eine besondere Spielkultur pflegten: das „Scheiberlspiel". Das war fast ein Fußball der Körperlosigkeit: die Kunst der Ballführung stand im Mittelpunkt, das Austäuschen der Gegner, die Leichtigkeit des Davids, der die Athletik von Goliath besiegt. Matthias Sindelar, das Wiener Fußballgenie, wurde wegen seiner schmächtigen Gestalt der „Papierene" genannt – das Arbeiterkind aus dem Stadtbezirk Favoriten begeisterte nicht durch Kraft, sondern durch Geist und Gefühl. Nach neun Spielen hatten die Österreicher ein Torverhältnis von 39:7. Für das Wunderteam, das gegen Deutschland in Berlin 6:0 und in Wien 5:0 gewann, war es immer das Erstrebenswerte, den Kampf zu umgehen. Karl „Vogerl" Geyer, einer aus der alten Garde der „Violetten", der Austria Wien, nennt im Rückblick in einem ihrer Stadionhefte des Jahres 1991 die Devise: „Tore nie gewaltsam schießen!"

Die Austria war auch der Verein Sindelars, und in diesem Verein mischten sich auf einzigartige Weise die proletarischen Elemente mit der Wiener Kaffeehauskultur. Scheiberlspiel, Körperlosigkeit: Über der Austria wehte stets ein Hauch von Bohème. Sie war am Anfang ein loser Debattier- und Fußballverein, mit dem ‚Ring-Café' als Hauptquartier; und es gab zunächst einen Paragraphen im Statut, daß überhaupt nur Intellektuelle als Mitglied aufgenommen wurden. Die Austria wurde in der Folge zum Verein der assimilierten Juden und zeigt mit Matthias Sindelar, in Tateinheit mit Hakoah und Kafka, die schönsten Farben der Habsburgermonarchie: einen Fußball der Kaffeehaus-Bohème.

Als Reichstrainer Sepp Herberger sich nach dem „Anschluß" Österreichs 1938 daranmachen mußte, für die Weltmeisterschaft eine kombinierte Mannschaft aus Deutschen und Österreichern zusammenzustellen, biß er auf Granit. Nicht nur, daß die beiden Mannschaftsteile überhaupt nicht miteinander konnten – schlampige Genialität und höchste Technik hie, verbissener Kampf und Unbeholfenheit am Ball da – die „deutsche" Elf schied dann gleich in der Vorrunde der Weltmeisterschaft aus. Matthias Sindelar indes, den Herberger unbedingt haben wollte, entzog sich seiner Forderung – „aus politischen Gründen", wie Herberger mutmaßt. Beim – vorerst – letzten Spiel der österreichischen Mannschaft 1938 kurz vor dem „Anschluß", offiziell angesetzt als „Deutschösterreich gegen Altreich", gewannen die Österreicher mit 2:0 – Matthias Sindelar, der eines der beiden Tore schoß, vollführte dabei Freudentänze vor der Nazitribüne. – Am 23. Januar 1939 verübte er Selbstmord. Im Polizeibericht sprach man von „Tod durch Kohlenoxyd". Der Abzug seines Ofens war wohl verstopft, als er zu heizen begann.

Der deutsche Fußball hatte immer schwer unter seiner Last zu tragen. Bis heute schleppte er viel an Verdrängungsenergien mit. Der Haß von Franz Beckenbauer gegen die „Intellektuellen" zeigt den ganzen Zwiespalt: Er, dem immer vorgeworfen wurde, daß er zu wenig laufe, arrogant spiele und sich nicht abrackere, muß verbal um so deutlicher beweisen, daß er ein guter Deutscher ist. Die wenigen Versuche, das Blatt ein bißchen zu wenden, die Verbindung zwischen Geist und Macht herzustellen, blieben auf die späten sechziger und frühen siebziger Jahre begrenzt, die Bewegung verebbte dann rasch und ließ Frustration zurück. Wie deprimierend mutet es heute an, wenn man die nervösen Kritzeleien des Rainer Werner Faßbinder sieht, der 1978 auf einem Drehbuchzettel versuchte, eine passable deutsche Mannschaft für die Weltmeisterschaft hinzukriegen – Namen wie Konopka, Beer oder Rüßmann künden von Verzweiflung.

1992 hat Dietrich Schulze-Marmeling eine Geschichte des Fußballs vorgelegt, sachlich und mit vielen Details: ‚Der gezähmte Fußball. Zur Geschichte eines subversiven Sports'. Hier schwingt viel Trauer mit, in dieser Abhandlung in deutscher akademischer Tradition; sie ist eine Fundgrube für alle, die die historische Sozialforschung schätzen. Schulze-Marmeling sichert sich durch die Seriosität seiner Methode und seines Stils gegen den Vorwurf des allzu Ballverliebten, allzu Verspielten ab, liefert aber listigerweise sehr viel Material, mit dem man abheben kann.

Auch der Frankfurter Soziologe Norbert Seitz hat noch einmal versucht, die deutsche Fußballgeschichte etwas aufzulockern (‚Bananenrepublik und Gurkentruppe', 1987). Er faßt all die Parallelen zwischen Fußball und Politik zusammen, die an den linken Akademikerstammtischen schon seit längerem das Feld beherrschen dürfen, wenn keine Frauen dabei sind: von Sepp Herberger als Konrad Adenauer des Fußballs bis hin zum Genscherismus in Gijon, dem Skandalspiel bei der WM 1982 gegen Österreich, wo zwei ausgebuffte Pragmatikerteams sich die Bälle so zuschoben, daß die beste Mannschaft, diejenige Algeriens, ausgebootet wurde. Seitz zeigt sehr schön die politische Dimension des Fußballs auf, ein bißchen Lukács schwingt da noch nach und ein bißchen Widerspiegelungstheorie. Die ästhetische Dimension bleibt völlig außer acht. Seitz' Bestreben, Fußball und Politik zu analogisieren und es dabei zu belassen, hat bei allen unbestreitbaren Verdiensten auch etwas Verbissenes, manchmal fast Augenthalerhaftes. Daß man unter Kanzler Kohl keine Lust mehr auf Fußball hat, ist einleuchtend. Dennoch bleibt das Gefühl, daß da noch etwas fehlt. Die seltsame Unlust am Fußball, die die deutschen Künstler und Intellektuellen seit geraumer Zeit wieder verspüren, muß tieferliegende Ursachen haben.

Günter Eich entwarf in seinen berühmten Hörspielen in den fünfziger Jahren abstrakte, südliche Landschaften, irgendwo im Abseits, da wo das Existenzielle seine reinen Sinnbilder schafft. Eines davon heißt ‚Die Brandung vor Setúbal'. Noch im selben Jahr, 1957, das genaue Datum des Poststempels ist unleserlich,

Abb. 2. Es wird immer schärfer geschossen im Fußball, jeder lauert auf ein As. Hier, am 18. 2. 1989, müssen dem ein paar Spieler von Bayer Uerdingen Tribut zollen. (©: Bilderdienst Süddeutscher Verlag, München)

schickte ihm Uwe Johnson eine Karte. Vitoria Setúbal war im Messepokal Hertha BSC mit 0:1 unterlegen, und neben den Zeitungsausschnitt schrieb Uwe Johnson: „Da hast du es".

2. Fußball und Tennis: das Dialektische und das Digitale

Netzer, der Höhepunkt des deutschen Fußballs, befand sich schnell im deutschen Abseits. Schon vor der Weltmeisterschaft 1974 hatten ihn die positivistischen Klein-Klein-Kicker von Bayern München ausgebootet. Nicht nur deswegen, weil sich Netzer dazu bekannte, Hermann Hesse zu lesen. Ein Einzelgänger, ein Querkopf hatte fast nie eine Chance in der deutschen Nationalelf.

„Manchmal verstehe ich mich selber nicht. Ich bin mir selbst ein Rätsel", sagte Netzer einmal von sich: produktiver Zweifel. Erst diese psychische Gestimmtheit setzt Größeres frei, will über die vorgegebenen Horizonte hinausdringen. In Netzers Mönchengladbacher Mannschaft suchte man nicht den geraden Weg zum Erfolg, sondern den ungeraden. Man schoß fürchterlich viele Tore, man kassierte aber auch selber arg viele und „vermeidbare". Da wurde nicht gerannt, geflankt und ins Tor geköpft, da wurde nicht im Getümmel des Sechzehnmeterraums irgendwann einmal abgestaubt: Nein, man verzettelte sich lieber, dribbelte ganz weit außen und manchmal sogar sich selbst aus; gesucht wurde der riskanteste Weg zum Tor. Und wenn einmal alles restlos aufging, wenn eine Spitzenmannschaft wie Inter Mailand mit 7:1 nach Hause geschickt wurde – dann wurde dieses Ergebnis aus lächerlichen Gründen annulliert: Boninsegna und die Colabüchse. Selten hat der Fußball mehr begeisterte Anhänger gehabt als zu diesen Zeiten Mönchengladbachs. Denn es ging nicht in erster Linie um Erfolg – es ging darum, diesen Erfolg auch ästhetisch begründen zu können.

Die wenigen Galavorstellungen Netzers in der Nationalelf, mit dem 3:1 im Wembley als Höhepunkt, sind das Beste, wozu der deutsche Fußball fähig sein kann. Die Pässe, das Aufreißen der Flügel, der freie Raum – es ergab sich zwangsläufig, daß das erkenntnistheoretische Prinzip, das das geistige Leben der damaligen Zeit bestimmte, unmittelbar in die ureigensten Formen des Fußballspiels überging: Die Dialektik als fortgeschrittene Form des Denkens fand sich wieder als Doppelpaß auf dem Spielfeld. Ein klassischer Dreischritt, mit dem Torschuß als abschließender Synthese: Derlei hegelianischer Fußball konnte nur von dieser deutschen Nationalmannschaft praktiziert werden.

Das dialektische Denken, das zu Analyse neigt, herrschte jedoch nur vorübergehend auf der fußballerischen Bühne. Immer schwerer wurde es, sich gegen das positivistische Hin- und Hergeschiebe des Balles im Mittelfeld durchzusetzen. Der Inbegriff des Doppelpasses, der Günter Netzer gelang, war deswegen gleichzeitig auch ein Abschied. Der Höhe- und Wendepunkt fand beim entscheidenden Tor im letzten Spiel statt, das Netzer im Trikot von Borussia Mönchengladbach bestritt. Im Pokalendspiel gegen Köln 1973 wechselte er sich in der Verlängerung quasi selber ein, nachdem ihn Hennes Weisweiler wegen des Transfers zu Real Madrid auf der Ersatzbank hatte schmoren lassen. Kaum betrat Netzer das Spielfeld, hatte er auch schon den Ball, spielte ihn blitzschnell zu Rainer Bonhof und stieß vor in den freien Raum, wo ihn das Zuspiel von Bonhof wieder erreichte: Satt saß der Schuß im linken Winkel.

Dieser Doppelpaß war die letzte Aktion eines Querdenkers, bevor er Deutschland den Rücken kehrte. Daß der Fußball seit Mitte der siebziger Jahre kaum mehr Möglichkeiten bietet, als ästhetische Projektionsfläche zu dienen, war vorauszusehen: Die Spieler sind austauschbar geworden, keine kantigen, vertrackten Figuren mehr. Nichts als Mainstream, Einbauküchen- und Angestelltenflair. Die Sätze in den Interviews sind glatt geworden und beflissen, kaum einer mehr verspricht sich und gibt dadurch etwas Individuelles zu erkennen, die Frisuren stimmen und das Dressing, und wer mag solchen Milchbubis wie Andi Möller oder Thomas Helmer innovative Kraft zutrauen. Guterzogene Mittelschichtstypen, ohne Furchen im Gesicht oder Spuren von subjektiver Erfahrung, Zockertypen wie jene US-amerikanischen Computerfreaks, die vor Kartoffelchips und Coca-Cola ihre Star-Wars-Programme austüfteln. Anpassung bis zur Selbstauslöschung: Das sind Fußballspieler heute. Die, die gegen den Strom schwammen, hatten nie eine Chance: Ewald Lienen, der elegante Stürmer vom Niederrhein, war zu links. Manfred Burgsmüller, der beste deutsche Mittelstürmer seit Gerd Müller, machte ab und zu in unpassenden Momenten den Mund auf. Oder Karl Allgöwer, ein Mittelfeldstratege von Gnaden – als harmloser SPD-Sympathisant war er im Umfeld von Mayer-Vorfelders VfB Stuttgart rettungslos verloren und zerschliß sich in der Haßliebe zu diesem Verein.

Der Fußball hat seine Identität preisgegeben. Nichts zeigt das deutlicher als die Tatsache, daß ein Schriftsteller wie Martin Walser, der immer ornamentale Kräusel auf die jeweiligen gesellschaftlichen Wellenlinien zaubert, heutzutage riesige Elogen auf – Boris Becker schreibt. Tennis hat Fußball als deutsche Leitsportart abgelöst.

Die kulturelle Identität der Deutschen ist im Wandel begriffen. Schon, als der Bundeskanzler sich zur Übergabe der Weltmeistertrophäe 1986 eigens nach Mexiko bemühte und sich ein bißchen vordrängelte, damit er zusammen mit Diego Maradona abgelichtet wurde – ernsthaft interessierte das niemanden mehr. Nur Helmut Kohl selbst glaubte noch, daß er damit in der Tradition Adenauers und Fritz Walters stünde.

Allerdings hat die Avantgarde etwas mit ihm gemeinsam: Sie spricht pfälzisch. Wer Boris Becker und Steffi Graf jemals wirklich zugehört hat, versteht diese Zeitenwende sofort: Die Kontinuität liegt im Pfälzischen, jahrelang und mühsam vorbereitet durch Toni Hämmerles Ohrwürmer wie „Humba-Humba-Tätärä", „Rucki-Zucki" oder „Heile heile Gänsche" im bundesweit versendeten Mainzer Karneval – da wurden Breschen geschlagen für Kanzlerschaft und Wimbledon. Festzustellen ist bloß: Boris und Steffi reden im Duktus der nachfolgenden Generationen, sie haben den nur schwer eingängigen, heimeligen Sound aus dem Herzen Deutschlands professionell weiterentwickelt. Heute zählen nicht mehr schier endlos scheinende Ballstafetten, nicht mehr das Laufen in die hohle Gasse und nicht einmal mehr das Klein-Klein-Spiel, heute geht es nur noch um Bum-Bum.

Einmal fuhr ich nach Leimen. Es war ein trübes, bläuliches Licht an einer Ausfallstraße, die Möbellager und Tankstellen hatten ihre Neonbeleuchtung in die drohende Dämmerung geschaltet, auf der naßkalten Fahrbahn rauschten in kurzen Abständen die windkanalerfahrenen Mittelklassewagen auf und ab. Vereinzelt hörte man dumpfe Geräusche, etwas prallte unregelmäßig an Garagentore, und am Horizont zogen sich Heißluftschächte, weißgetünchte Flachbauten und rotsandige Sportanlagen hin. Hier wurde in den siebziger Jahren das neue „Modell Deutschland" eingelöst, das Glaubensbekenntnis Helmut Schmidts. Und dazu gehört auch ein neues Denken. Nicht mehr das Nachdenken über Viererabwehrketten und Mittelfeldüberbrückung und Strafraumkombinationen, sondern dasjenige über sofort ablesbare Daten. Nicht mehr Fußball, sondern Tennis.

Denn im Tennis, da geht es genauso zu wie im Leben. Da ist der hektische Mehrwertalltag, die rationalisierte Profitmaximierung auf den Punkt gebracht. Man lechzt nach sofortiger Bedürfnisbefriedigung, nach dem schnellen Erfolg ohne lange Winkelzüge und Spielaufbau, der Punkt muß gleich da sein, nach dem Aufschlag gleich abgebucht werden, ohne Verzögerung, ohne luststeigernde Umwege. Auf den Knopfdruck kommt die Leistung, und man konzentriert sich, wenn man den Punkt gemacht oder verloren hat, gleich auf das nächste Duell am Video-Game, am Flipper oder dem Diskettenschlitz. Das Ideal ist Aufschlag, As und Punkt, Input und Output, da bleibt keine Zeit mehr für ein 4-2-4- oder ein 4-3-3-System und die Frage, ob man jetzt wirklich Bobby Charlton durch Franz Bekkenbauer decken lassen soll.

Das dialektische Prinzip, dem der Fußball huldigte, hat ausgedient: Tennis funktioniert nicht mehr analog, sondern digital. Wie schrieb doch Botho Strauß, der wie kein anderer Autor für das bundesdeutsche Zeitgefühl der achtziger Jahre steht? „Ohne Dialektik denken wir auf Anhieb dümmer. Aber es muß sein: ohne sie!" Jetzt steht der athletische einzelne da, der sofort ans Netz geht und zum entscheidenden Schlag ansetzt. Man beachte die emotionale Regung, wenn der Tenniscrack sein Gegenüber mittels einer Vorhandpeitsche erledigt hat oder das Spielfeld durch einen Rückhandcross seitlich aufschlitzte: Es geht einzig um das Resultat, um den Augenblick ohne Vorspiel – ein Quickie, Bum Bum.

Es ist das Elend des deutschen Fußballs heute, daß die Nationalspieler alle kleine Tennisspieler sind, sogar in ihrer Freizeit. Aber so versiert sie auch versuchen, mitzuziehen: An die Erfolgsquote des Einzelspielers im Tennis kommen sie nicht heran. Wenn schon, dann will man lieber das Original und nicht die Kopie. Das schematische Plus-Minus-Denken hat die Subversion des Fußballs, seine ästhetische Eigendynamik außer Kraft gesetzt. Die Entscheidungen im Fußball erfolgen logischerweise immer häufiger durch Elfmeterschießen: die letzten deutschen Pokalendspiele, auch die Halbfinalspiele, bei der letzten Fußballweltmeisterschaft desgleichen – Deutschland gewann gegen England im Halbfinale nur durch Elfmeterschießen, Argentinien gegen Italien genauso, und daß Deutschland in der regulären Spielzeit des Endspiels Weltmeister wurde, lag nur an einem – Elfmeter.

Das Elfmeterschießen aber führt den Fußball ad absurdum. Es hat bereits die Tennis-Ästhetik. Es gibt keine Dialektik mehr, zumindest nicht in Europa. Deshalb war es Zeit, die nächste Weltmeisterschaft im Hort jenes Positivismus, der jäh in fanatischen Irrationalismus umschlagen kann, in den USA auszutragen. Es gibt keine Dialektik mehr, und es wird bald keinen Fußball mehr geben. Schon denken sie über Regeländerungen nach, die den Fußball den US-Amerikanern schmackhaft machen sollen, die fernsehgerechter sind: größere Tore, weniger Spieler auf dem Platz, Einkicken statt Einwerfen – der Fußball gräbt sich sein eigenes Grab.

Die WM in den USA könnte die Totenfeier sein. Schauplätze wie der „Silverdome" in Pontiac bei Detroit werden die stimmige Kulisse liefern: eine Halle, die keine Fenster hat; nur zehn bis fünfzehn Prozent des Sonnenlichts dringen durchs Teflon-Dach. Das Stadion der University of Michigan, das zuerst vorgeschlagen worden war, wird von den Baseballprofis der Detroit Tigers gebraucht. Schon jetzt üben sie im „Silverdome", die Halle mit Teppichböden aus Gras auszulegen: Es wird im Freien angebaut und soll dann, unter 1000 Watt starken Halogenlampen, die knapp zwei Meter über den Gras-Transplantationen angebracht werden, in der Halle weiterwachsen. Zusätzlich wird mit synthetischen Pflanzenhormonen gearbeitet, fein gemahlener Gummi aus recycelten Autoreifen fungiert als Schutz für die Pflanzenkronen. Trey Rogers, Pflanzen-Spezialist der University of Michigan, verspricht „eine tolle grüne Farbe".

Abb. 3. Günther Koch, für den Bayrischen Rundfunk mitten unter den Fans auf der Haupttribüne: Daß hier ein Tor fällt, ist nur allzu verständlich. (©: Fotoarchiv Stadt Nürnberg)

3. Günther Koch oder: Das Nürnberger Gefühl. Wie der Niedergang der Rundfunkreportage in letzter Minute aufgehalten wurde

Es gab einmal Zeiten, in denen der Samstagnachmittag noch einen Sinn hatte. Da zuckte der Gartenschlauch in einem unberechenbaren Rhythmus, die Autokarosserien in den Siedlungsstraßen wurden in einem eigentümlichen Stakkato geschrubbt, und der kleinblasige Schaum auf den Windschutzscheiben verging nicht so schnell wie heute. Zwischen halb fünf und viertel sechs waren die Vorgärten von aufputschenden Reporterstimmen durchsetzt, die Autoradios voll aufgedreht und die Reihenhäuser nur notdürftige Kulissen vor den vollbesetzten Tribünen und Stehplatzkurven.

Es war eine Zeit, in der die klassische Katharsis der griechischen Tragödie noch unvermittelt durch den Äther ging. Durch nichts wird die Erfahrung der Vergänglichkeit schmerzhafter bewußt als durch die Stimme Oskar Kloses, der die fünf Tore von Franz Brungs beim Nürnberger 7:3-Sieg gegen Bayern München am 9. Januar 1968 in einer sich ins Unerhörte windenden Spirale skandierte. Oder die malmende Stimme Ludwig Maibohms, bei dem man immer den Geschmack der Butterbrote mithörte, die ihm seine Frau zu Hause noch in aller Eile geschmiert hatte. Oder das Weinen Günther Wolfbauers, der im Abstiegsjahr von 1860 München mit Tränen das Mikrophon erstickte – „früher hob ich's olle schon am Gang erkannt, den Brunnenmeier, den Luttrop, den Rebele – heut, do muaß i erst die Rückennummern o'schaun …". Da waren die Außenmikrophone und das Zuschauerraunen noch untrennbar mit der Reporterstimme verbunden, da schirmte noch kein technisches Know-How die Berichterstattung vom akustischen Ansturm draußen ab: Sie war nicht keimfrei und leer, sie schwankte und zitterte, manchmal ging sie unter im Aufschrei der zahlenmäßig überlegenen Kehlen, und die Radios waren noch nicht so gebaut, daß ihre Röhren dem Höhen- und Tiefengefälle der Live-Reportage immer standgehalten hätten.

Der Niedergang der Rundfunkreportage ist ein klägliches Kapitel unserer Kultur. Die gelangweilten Angestelltenstimmen in den heutigen Rundfunkkabinen stabilisieren die Entwicklung vom Dribbelkünstler und Flankenläufer zum Klein-Klein-Kicker, vom Schlachtroß in der Abwehr zum öden Strafraummanager. Als die Stadien noch ‚Rote Erde' und ‚Glückauf-Kampfbahn' hießen und nicht wie heute ‚Westfalenstadion' oder ‚Parkstadion', da wogte auch der Kampf um die Information noch heftiger; als die Stadien noch unmißverständlich vom bayrischen, rheinischen oder Ruhrpott-Slang durchdrungen waren, war dem Zuhörer auch sofort die Spielanlage der jeweiligen Mannschaft klar.

Doch mit der Ausbreitung der Beamtenmentalität in den öffentlich-rechtlichen Sendern, mit der karrieristischen Angst, bloß nicht aufzufallen, schlucken die Mikrophone bloß noch vorproduzierte Statements. Das war in Norddeutschland am frühesten spürbar – kein Wunder, daß Werder Bremen in den achtziger Jahren jahrelang gegen die Bayern den kürzeren zog:

Werders Reporter verdammten zur Niederlage, vor allem und immer wieder Walter Jasper: einer, der sich nicht als Künstler begriff, sondern als Agenturjournalist, der nicht das Fleisch und Blut des Geschehens aufspürte, sondern das fahle Gerippe skizzierte.

Jahrelang trug Werder Bremen die Hoffnungen von Fußball-Deutschland und richtete sie immer wieder schmählich zugrunde. Das war zum Beispiel 1985 so, als Werder im strategisch entscheidenden Heimspiel gegen Leverkusen nur 1:1 spielte und Bayern München zu entschwinden begann, der Kampf um ein Tor in den Schlußminuten dramatische Züge annahm: ein Stoff für eine mitreißende Tragödie, ein Drehbuch für einen alle Gemüts- und Stimmlagen auskostenden Vollblutakteur – der Reporter jedoch machte schon durch seine Tongebung, durch das niederschmetternde Einerlei seiner Wortwahl deutlich, daß entgegen seiner formal vorgebrachten Versprechungen kein Tor mehr fallen würde. Welche Möglichkeiten hätten dem innegewohnt, die Angriffe Werders in den letzten fünf Minuten in ihrer Dringlichkeit transparent zu machen, die Erlösung gebannt zu umkreisen – doch es geschah bloß ein Abhaken des bloß Faktischen.

Oder gar im Jahr darauf, der unselige Elfmeter von Kutzop in der 88. Minute – der sichtlich unberechtigte, nur aufgrund der tieferen Wahrheit und ästhetischen Notwendigkeit einfach in der Luft liegende Elfmeter für Werder im entscheidenden Spiel gegen Bayern München am vorletzten Spieltag: Würde es ein Tor geben, wäre Werder unwiderruflich Deutscher Meister, wäre Bayern München tatsächlich einmal abgeschlagen, hätten die Moral und die Aufrichtigkeit, hätten die Guten gegen die Bösen gesiegt; schreiende Bilder wünscht man sich aus den Lautsprechern dringen – wann kommt es schon einmal vor, daß sich die Entscheidung zu einer einzigen Sekunde verdichtet, welcher Rohdiamant ist dies für einen Mikrophonkünstler, dessen Leben schon allein dadurch einen Sinn haben würde, ihn zuzuschleifen und zum Schillern zu bringen – und dann die klägliche, die jämmerliche Mitteilung des Sprechers: „Er geht vorbei (...)".

Dem korrespondierte lange Zeit die Stimme Bayern Münchens, Gerd Rubenbauer, ganz folgerichtig: Sie zieht, von den unvermeidbaren Siegen Bayerns bereits durchtränkt, eine Linie, die satt und sonor von oben nach unten schwingt und unangenehm vermittelt, daß es schon von vornherein klar gewesen ist, wer hier das Sagen hat.

Nur manchmal ist ein Widerschein des Feuers zu erkennen. Der quetschenden und hupenden Stimme Werner Hanschs gelingt es in einigen Situationen, allein das Herauspressen von Namen wie Littbarski oder Allofs, Fanfarenstöße einer gestopften Trompete, als Argument zu gebrauchen. Und auch Jochen Hageleit zehrt noch davon, daß er sein Mikrophon immer als Teil seines Körpers begriff und nicht als bloßes Arbeitsmaterial.

Doch es ist überall Provinz. Überall sprechen Angestellte in die Mikrophone, überall haben sie Angst, daß sie sich einmal versprechen oder ein Studienrat ihnen mit Rot etwas an den Rand schreibt. Die bleiernen Gewichte der Spielweise von Bayern München haben sich über die Stimmembranen der Fußballreporter gelegt, und die Kunstform der Livereportage wird zusätzlich immer mehr verwässert vom schwindenden Charakter der Sportsendungen am Samstagnachmittag, die nur noch ein winziger Bestandteil der Musikstrecken sind und die monotone Musikfarbe des jeweiligen Kanals bloß nicht übermalen dürfen. In den sechziger Jahren war es genau umgekehrt: Da unterbrach der Moderator das erregende Informationsprogramm seiner Reporter, entschuldigte sich, aber er halte ein bißchen Entspannung für notwendig, und dazu kündigte er einen Musiktitel an: Die Eiskunstläuferin Marika Kilius habe jetzt ihre erste Schallplatte aufgenommen – ,Wenn die Cowboys träumen'.

Keine Atempause. Die Berliner Sender vergessen heutzutage sogar ab und zu, inmitten des ganzen Mainstream-Gedudels am Schluß noch einmal die Ergebnisse und die Tabelle zu referieren, und im Abgrund befindet sich bereits seit längerem der Süddeutsche Rundfunk in Stuttgart. Unvergessen der Tag, an dem eine Amateurmannschaft aus Pforzheim – unvermittelt zum Pokalschreck geworden – zum Schlag gegen den Hamburger SV ausholte: Am Ende der regulären Spielzeit hieß es 0:0, wie der berüchtigte Reporter Gerd Million müde mitteilte, mühsam reihte er ab und zu die Namen einzelner Spieler auf – doch was da eigentlich geschah, wie die Sensation in der Luft lag, wie alle atemlos am Radiogerät hingen – das ging am Reporter meilenweit vorbei. Manchmal hörte man unbeabsichtigt im Hintergrund die Geräuschkulisse, manchmal war sie zu ungestüm, als daß der Tontechniker sie ganz zu tilgen in der Lage war: Unüberhörbar war das Lechzen und Raunen und Stöhnen der Pforzheimer, sie peitschten ihre namenlosen Amateurfußballer voran, doch Gerd Million verkündete bloß, daß es 0:0 stehe und gab zurück ins Studio. Nach vierzehn Minuten mittelmäßigem Synthi-Pop gab Million dann zur Hälfte der Verlängerung ein knappes Statement durch: Es stehe immer noch 0:0. Nichts tat sich mehr auf den sonstigen Spielfeldern, nur in Pforzheim wurde noch gespielt, einem Ort im Sendebereich des Süddeutschen Rundfunks – doch während der gesamten zweiten Hälfte der Verlängerung durften die Jungs von der Musikredaktion abermals ihrem Publikumsgeschmack frönen. Am Ende, nach 119 Minuten, erfüllte der Reporter dann seine Chronistenpflicht: Es sei beim 0:0 geblieben.

Daß der öffentlich-rechtliche Rundfunk seine Identität schon lange preisgegeben hat, ist auf den Feuilletonseiten der seriösen Zeitungen in den letzten Jahren immer wieder beklagt worden. Statt Analyse, statt Kunst, statt Sinnlichkeit: uniformes Gesumme. Kein Wunder, daß die vielleicht noch entwicklungsfähigeren Sportjournalisten scharenweise zu den kommerziellen Sendern abwandern.

Es gibt aber noch einen Ort, an dem die Ungleichzeitigkeit Gestalt angenommen hat. An ihm waltet das Schicksal noch ungebrochen. Er liegt im Frankenland, da, wo die Wirtshausschilder noch neben den Kirchtürmen sind. Kaum eine Mannschaft hat in den letzten Jahren so viele Höhen und Tiefen durchlebt wie der 1. FC Nürnberg. Mit seinem erfrischenden Angriffsfußball hatte er Mitte der achtziger Jahre die Zeichen der Zeit noch überhaupt nicht erkannt, mit seinem Spielwitz und den schwungvollen Kombinationen stieg er unbeabsichtigt nach nur einer Saison Zweiter Bundesliga gleich wieder ins

Oberhaus auf, doch dort dann: ein mühsamer Lernprozeß, ein Feld von Intrigen, ein Tummelplatz von Profilneurotikern und Geschäftemachern. Was sind das für Zeiten, in denen die Mannschaft, die dem Fußball am aufopferungsvollsten huldigt, das Unglück magisch anzuziehen scheint. Allzu lange verdüsterte die Gefahr des Abstiegs die Spielzüge, die sich nicht in einer nackten Erfolgsstrategie erschöpften, sondern in Schönheit aufgingen; und das Bild dieser wieselflinken, blutjungen Stürmer, wie sie unverbraucht und erfrischend, aber vergeblich das gegnerische Tor bestürmen, dieses Bild hatte – und immer noch hat es eine Stimme. Sie heißt Günther Koch. Günther Koch spricht die Schlagworte nicht aus; er verkörpert das, was sie meinen: das Aufkeimen der Hoffnung, das am Boden Zerstörte. Im Klang seiner Stimme steckt die Erregung, mit der der Stehplatzbesucher den Flügelstürmer verfolgt, der Wechsel der Spielszenen schlägt sich abrupt in ihrer Intonation nieder: ungeheure Oktavsprünge nach dahinplätscherndem Parlando, schrille Diskante nach harmonisch verlaufenen Akkorden. Schier endlos scheinende Niederlagenserien, die schwarzen Schemen der Vergeblichkeit prallen an der Stimme des Reporters ab: wieder und wieder ein neuer Anlauf, ein ungestümes Anrennen, auch gegen die Uhr; das Auflodern der Stimme bei Ballverlusten und Distanzschüssen; ein Jauchzen, volley aus der Luft genommen.

Die Gefahr eines gegnerischen Treffers im Getümmel vorm eigenen Tor wird bei Koch nicht abstrakt benannt, sondern entlädt sich in einem einzigen Aufschrei: „Köpke!" Dies ist der Name des Nürnberger Torhüters, und Koch versteht es, mit diesen zwei Silben dem Schwanken zwischen Entsetzen und Sichtung des rettenden Strohhalms immer neue Balancen abzugewinnen; er selbst ist in diesem Moment Köpke und bewahrt den Ball vorm Überschreiten der Torlinie, in diesem Schrei ist eine mythische Beschwörung enthalten, ein Aufruf aus einem unerschütterlichen Glauben heraus.

Während andere Reporter sich vergeblich am Beweis dessen abmühen, daß sie vollständige deutschsprachige Sätze mit Subjekt, Prädikat und Objekt bilden können und bei der Konstruktion einer Apposition die Entwicklung eines Tores verpassen, bleibt Koch immer auf Ballhöhe: Das ist konkrete Poesie, deren Aussage auf einen tieferen Nerv zielt als die oberflächliche Verständlichkeit; die Satzbruchstücke und Wortfetzen entwerfen jeder Partie ihren eigenen Kosmos, und Koch bleibt nicht bei der Schilderung von Szenen stehen, sondern durchdringt sie analytisch: „Was sag ich wenn der Katsche wenn der Wagner von links kommt – der fängt sich der rappelt sich wieder auf und da haut's 'n um da haut's 'n um/der Yogi Lieberwirth versucht den Ball zu streicheln das ist höchst gefährlich denn der Ball ist heut sehr eigenwillig/der Eckstein umschwanzt den Pezzey und will dem Meier durch die Beine spielen – ja das geht nicht. Das ist geradezu frivol".

Koch ist ein Dramaturg, der das Schweigen mitsprechen läßt und auch die Zuschauerränge szenisch einarbeitet. Beim Spiel gegen Blau-Weiß 90, der höchsten Trefferquote, die die Nürnberger im bezahlten Fußball überhaupt je erzielten (7:2), meldete sich Günther Koch wie folgt: „Hallo liebe Fußballfreunde Nürnberg auf dem Weg zum Schützenfest jetzt ist der Eckstein wieder dran, jetzt klingelt's jetzt heißt es dann 5:1 oder, Herr Stenzel? – (Pause, dann akustisches Aufwallen von überallher)".

Dem Zuhörer wird hier nicht das Ergebnis trocken mitgeteilt, sondern es wird eingebettet in den konkreten Spielverlauf; Koch begleitet das Kombinationsspiel mit Sätzen, die es hautnah decken: daß Eckstein in aussichtsreicher Position ist, daß Stenzel aber noch besser postiert ist, daß Eckstein, was man nicht unbedingt von ihm gewohnt ist, sogar abgibt – und dann der Moment der Entscheidung, in dem der Reporter sich vollkommen zurücknimmt und gerade dadurch mit dem Geschehen verschmilzt. Der Zuhörer wird nicht umständlich herangeführt, sondern sieht sich unvermittelt im Zentrum des Geschehens.

Diesen Effekt hat Koch bis zur Meisterschaft entwickelt. In die zwei oder drei Minuten für eine Einblendung, wenn ihn Fritz Hausmann vom Studio aus ruft oder jetzt dieser Franz Muxeneder, legt Koch seine ganze Energie, seine Sehnsucht, seine Wünsche und Glücksgefühle; da ist alles drin, das staut sich zu Stakkato-Nebensätzen, Komma-Akkumulationen, das schnellt immer weiter voran – und in dem Moment, wo sich die gesamte Spannung stoßweise verdichtet, ist nur noch das reine Gefühl da, die wortlose Vorstellung. Wehe aber, wenn wieder einmal unzählige Torchancen ausgelassen werden und die Bälle sonstwohin rollen – nach der atemlosen Pause folgt ein Sprachsturz, dann entwickelt sich etwas Gebetsmühlenhaftes, ein fränkischer Muezzin auf seinem Minarett („aber doch nicht zum Torwart schießen / der geht ja bis zum Dutzendteich"), eine wortreiche, rhapsodische Trauer beginnt dann zu singen, vom Aufzählen ruhmreicher Namen aus der Vorkriegszeit unterbrochen.

Die Elegien Kochs brauchen ein eigenes Kraftfeld. Wer hat nicht jene tragische Situation in der Konferenzreportage gespürt, als ihn der klebrige Schwabe in Stuttgart nicht zu Wort kommen ließ und im Hintergrund ein verzweifeltes „Tor in Nürnberg Tor in Nürnberg" aufrauschte, das 2:0 gegen Gladbach sich im schwäbischen Einerlei verlor. Wenn ihn ein fremder Sender ruft, fühlt sich Koch eh immer leicht unwohl. Da sieht er sich plötzlich seiner Freiheit beraubt. Irgendwie scheint er dann einen ominösen Zwang zu „Objektivität" zu verspüren, einen Zwang, dem er nie und nimmer nachzugeben bereit ist. Für ihn ist die Objektivität der Fußball an sich. Was man landläufig darunter versteht, führt nicht weiter als zum niederschmetternden 0:0 und harmlosem Geplänkel. Am Samstagnachmittag ist immer nur ein einziger Blick richtig, und das muß der unverstellte Blick dessen sein, der gerade spricht.

Deswegen braucht man den Bayerischen Rundfunk. Welch ausgetüftelte Maßnahmen waren nötig, eine UKW-Antenne anzuschließen an meinen Grundig aus dem Jahre 1968. Aber ich habe es geschafft. Der Bayerische Rundfunk kommt zwar relativ schwer hörbar, aber immerhin hörbar rein, von atmosphärischen Störungen immer wieder durchbrochen. Da wird Günther Koch grundiert von Gewittern, von irgendwelchen anderen Sendern, von Staubsaugern und den beleidigten Zuckungen des Süddeutschen Rundfunks, dessem Sendegebiet ich zufällig angehöre. Aber manchmal – an klaren Herbsttagen, wenn die Luft rein ist, der Himmel weit, wenn man die Menschen

Lothar Matthäus   American Express Mitglied seit 1984.

Bezahlen Sie einfach
mit Ihrem guten Namen.

Tel. 01 30-1750

Abb. 4. Der Fußball wird immer konsequenter in die Freizeitgesellschaft
und in den Geldkreislauf integriert. Lothar Matthäus weiß sich zielsicher als
italienischer „ragazzo" zu gebärden und mit „american express" zu bezahlen – ein Schmuckstück der Werbekampagne dieses Kreditkartenkonzerns.
„american express" erkannte übrigens sofort die Chance der publicity, als

freundlich grüßt –, dann versteht man auch Günther Koch sehr gut.

Ich werde nie jenen Sonntag vergessen, an dem ich seinem Geheimnis auf die Spur kam. Es war einer dieser Sonntage, an denen man von einer elegischen Nachmittagsstimmung durchdrungen ist, an denen man verloren am Radioknopf dreht, um eine von diesen schweren, klassischen Streicherflächen aus dem neunzehnten Jahrhundert zu ergattern oder wenigstens mollgestimmte Kammermusik. Da hörte ich die Stimme. Es war kein Samstag, es war ein Sonntag, und Günther Koch sprach unwiderlegbar live. Nein, es war nicht das erste Programm des Bayerischen Rundfunks, das ich da erwischt hatte, das war eine Regionalsendung im Zweiten, welch Überreichweite hatte mich da erfaßt, und ich nahm einzelne Zusammenhänge wahr: „Rainer Trinkwalter, Dreh- und Angelpunkt aller Kronacher Angriffe / der unglaublich schnelle, trickreiche und schußstarke Markus Wunderlich, der aus der Bezirksliga vom Verein in Pechbrunn im Sechsämterland nach Helmbrechts kam / wird der FC Kronach mit der Bürde des Tabellenführers leben können?"

Tief im Innersten rührt es uns an, wenn wir gewahr werden, welch erschütternder Torschrei selbst in der Landesliga gelingt.

4. Sportschau, Anpfiff, ran. Die Überwindung des Fußballs durch das Fernsehen

Es war erstaunlich, welche Zuckungen die ‚Sportschau' der ARD in den letzten Jahren noch erlebte – ein Relikt aus den sechziger Jahren, in denen Ernst Huberty wie ein sanfter Oberlehrer der Nation die Samstagabend-Freizeit einläutete. Ein Oberlehrer, der seinen guten Tag hatte: Er hätte gleichzeitig

dieses Bild hier abgedruckt werden sollte. Die Provinz ist dagegen Stuttgart und dessen Kaufhaus Breuninger: das hatte den Mittelstürmer des VfB, Fritz Walter, als Lokomotivführer abgebildet, weit ins Land blickend auf dem Führerturm – und verweigerte den Abdruck in diesem Buch mit dem Hinweis: man wolle die guten Beziehungen zum VfB Stuttgart nicht gefährden … (©: american express, Frankfurt am Main) auch ein Stück Konfekt in prima rosafarbener Folie anbieten können oder seinem Enkel diese milchig klebrigen Kaubonbons schenken, dabei mit tiefer bramarbasierender Stimme auf die Weisheit des Alters hinweisend.

Die ‚Sportschau' war überschaubar, jeder Programmteil hatte seinen festen Platz. Dennoch barg jede Sendung ein tiefes Geheimnis. Welches der neun Bundesligaspiele ausgewählt worden war, versetzte die Fußballnation jedesmal in bange Erwartung: Drei Spiele pro Sendung waren im Lauf der ganzen Jahre der Normalfall, zu mehr reichten die technischen Bedingungen und die Flexibilität nicht. Wie peinlich für die ‚Sportschau'-Macher, wenn anderswo wieder einmal eine Sensation passiert war, aber die Kameras wie üblich in Köln aufgestellt worden waren. Bei den Heimspielen des 1. FC Köln hatte man es bis zum ‚Sportschau'-Studio nicht so weit.

Ernst Hubertys mildes Lächeln machte viel vergessen. Und es legte seinen versöhnlichen Schimmer auch auf die nicht ganz so gelungenen Versuche, aus dem Schema auszubrechen: auf Hans-Joachim Rauschenbachs stets vergebliche Kämpfe darum, den deutschen Metaphernschatz zu erweitern, oder auf die berühmten 800 Worte des Dieter Adler – dieses Reservoir genügte ihm für alle Sparten, wie die ersten Computerlinguistiker herausfanden.

Mitte der achtziger Jahre begann sich das Bild langsam zu trüben. Das sogenannte „Privatfernsehen" nahm erste Konturen an. Die ‚Sportschau', die durch die jahrzehntelange Souveränität in ihrer Unbeweglichkeit noch unbeweglicher geworden war, konnte es sich gar nicht vorstellen, daß sie ihre Macht einbüßen würde. Am Samstag gegen 18 Uhr war auf den bundesdeutschen Bildschirmen das ‚Sportschau'-Signet mit den triumphierenden Posaunentönen ja schon so gut wie eingebrannt, das würde kein noch so potenter Bildschirmcleaner wieder wegbringen. Aber dann kam Ulli Potofski.

Am 23. Juli 1988 flimmerte die Zukunft über so manchen bundesdeutschen Bildschirm, von 18.50 bis 22 Uhr: ‚Anpfiff', die „totale Fußball-Show" bei RTL-plus. Bertelsmann und die Ufa hatten es mit ihrer Kapitalkraft tatsächlich fertiggebracht, das Sportschau-Monopol zu durchbrechen – die RTL-Sportredaktion durfte sich ihre Spiele heraussuchen und den Rest der ‚Sportschau‘, die trotzdem noch um 18 Uhr lief, überlassen. Kabelfernsehen – ein neues Herrschaftswissen tauchte auf am Horizont. Und Ulli Potofski war ein sympathischer Mensch.

Aus großen Brillengläsern schaute er uns an, als ob er niemandem etwas zuleide tun könne – ein bißchen dickfellig vielleicht und schwerfällig, aber man wollte ihm ganz gern ab und zu die Schulter tätscheln. Ein bundesdeutsches Rezept, so wurde man Bundeskanzler oder Fernsehstar: Harmlosigkeit, die sich durchsetzt. Das Geheimnis von Thomas Gottschalk oder Heinz Erhard – nicht ganz so einfach, wie es auf den ersten Blick scheint, und immer mit einem lockeren Spruch auf Lager. War Ulli Potofski die Zukunft?

Das Konzept der Softpornos, mit dem die kommerziellen Fernsehsender die Einschaltquoten steigern wollten, um mehr Werbeeinnahmen zu kassieren, schien auch auf die Fußballberichterstattung übertragen worden zu sein. Von dem vielen Geld war nichts zu spüren. Ulli Potofski setzte mehr auf den Mitleidseffekt. Er wollte mit beschränkten Mitteln das Beste daraus machen. Drei Stunden lang. „Locker“ wollte er sein, es wurde zum Schlüsselwort für die ‚Anpfiff‘-Sendung. Mit der „Lockerheit“ versuchte Potofski einen Kampfbegriff gegen Heribert Faßbender in der ‚Sportschau‘ einzuführen, dem man das Zähneknirschen, daß er nicht mehr im Mittelpunkt stand, auch allzu deutlich ansah – doch mit der „Lockerheit“ entschuldigte Potofski vor allem die mangelnde Professionalität seiner Sendung.

Immerhin hatte er bei Radio Luxemburg begonnen, war anschließend beim italienischen Privatsender Radio Brennero gewesen und dann mit der Puppenbühne ‚Die Zankis‘ durch die Lande gereist. Unter dem Pseudonym Ulli Mario besang er auch zwei Schallplatten: ‚Lauf nicht vor der Liebe weg‘ und ‚Ich kann an keinem Girl vorbeigehen‘. Und mit denselben großen Augen schaute er uns nun auf der Mattscheibe an. Zäh schleppte sich’s hin, mit unzähligen Werbeeinblendungen, Publikumsspielchen und Smalltalks, dazu banalen Vorberichten zu den einzelnen Spielen, die wohl die Spannung steigern, Atmosphäre herstellen sollten. Nach einer ganzen Stunde war nichts weiter als ein armseliger Zusammenschnitt des armseligen Spiels Hannover 96 – Karlsruher SC gelaufen. Und wenn da, beim kommerziellen Kanal, die Hoffnung bestand, Zuschauer durch pakkende Show-Elemente und quirlige Unterhaltung an den Bildschirm zu fesseln, dann realisierte sie sich doch nur in Konzepten der Adenauer-Ära. So etwa zwischen Bulli Buhlan und Ralf Bendix. Daran änderte auch der scharfe schwarze Lackgürtel der Wetterfröschin („Nun ist Petrus wirklich nicht mehr zu halten!") nichts.

Das schlimmste waren die Kommentatoren: Sie schrien unentwegt „aiaiai" und „ououou" und meinten wohl, das sei spontan oder authentisch. Dabei gibt es nichts Künstlicheres, als die Dramaturgie einer Radio-Live-Übertragung bei Fernsehaufzeichnungen anwenden zu wollen. Spätestens beim zweiten Spiel wünschte man dem Reporter, er hätte seine Gefühle doch besser privat und intim ausgelebt und bräuchte nicht das Privatfernsehen dazu.

Ein schlimmeres Eigentor hätte der DFB gar nicht schießen können. Bei RTL-plus wurde zum erstenmal richtig deutlich, wie langweilig so ein Bundesligaspiel sein kann. Die dreistündige Samstagabend-Unterhaltung mit ‚Anpfiff' erwies sich als Flop. Nicht einmal Heribert Faßbender konnte ein Argument dagegen sein, sich am Samstag um 18 Uhr in der Sportschau über die Bundesliga zu informieren und danach seine Ruhe zu haben. Und das traditionelle ‚Aktuelle Sport-Studio' des ZDF schließlich bot an diesem Abend, und darin lag eine gewisse Perfidie, jene perfekte Show, die man gemeinhin von den Kommerzsendern erwartet. Das ZDF hatte dafür sein schwerstes Geschütz aufgefahren: Harry Valerien erwies sich noch einmal als souveräner, charmanter Moderator.

Valerien packte dabei eine Geheimwaffe aus. Als er Steffi Graf das Interview einspielte, das er mit ihr als einer noch unbekannten Vierzehnjährigen am 7. Juli 1984 gemacht hatte – diese jugendliche Frische, diese Unbekümmertheit –, da wischte sich die nunmehr Neunzehnjährige verstohlen eine Träne aus dem

Augenwinkel. Die Dimension der Geschichtlichkeit hatte sie erfaßt – etwas, was dem Kommerzfernsehen von vornherein abgeht.

Der erste Vorstoß der Kabel- und Satellitenfraktion wurde damit erfolgreich abgeschmettert. Die ,Sportschau' erstand wieder wie ein Phönix aus der Asche, als sei nichts gewesen. Verkrampfte Modernisierungen änderten nichts am alten Erscheinungsbild. Ab und zu wurde auch ein Studiogast eingeladen, doch der fühlte sich im funktionalen ,Sportschau'-Studio sichtlich unwohl. Die Fragen, mit denen er konfrontiert wurde, entstanden spürbar aus Beklemmung; man wagte dieses Experiment äußerst selten. Derselbe trockene, spröde Sendungsablauf, dieselbe schlichte, krawattenbetonte Moderation: Wobei der Wechsel von Ernst Huberty, der immer auch etwas Augenzwinkerndes hatte, zu Heribert Faßbender geradezu antizyklisch war – da war die ,Tagesschau' bereits kontrastreicher als dessen öder Verlautbarungston: Faßbenders „Guten Abend allerseits" variierte die zeitgemäße Herrschaftstechnik des Aussitzens.

Mit der Saison 1992/93 ist jedoch alles anders geworden. Die Sendung ,ran' auf SAT1 macht die neue Zeit auch wirklich sichtbar, von jetzt an gibt es kein Zurück mehr. ,ran' verkörpert das „Privatfernsehen" weitaus konsequenter als vormals der ,Anpfiff' bei RTL. War Ulli Potofski ein sanfter Teddybär, so ist Reinhold Beckmann bei SAT1 jener smarte Managertyp, den so schnell nichts Unvorhergesehenes von der Rolle bringen kann. Cool und abgebrüht wird die Sendung durchgezogen, mit professioneller Spontaneität, und sie geht auch nicht viel über die ,Sportschau'-Zeit hinaus: Zuviel Fußball schadet.

Im Gegensatz zu ,Anpfiff' wurde die ,Sportschau' völlig ausgeschaltet: Man nimmt deren traditionellen Sendeplatz ein und hat sie nach hinten verlagert, schrieb den Öffentlich-Rechtlichen gar eine Zersplitterung in verschiedene Regionalsendungen vor. Das klobige Computerdesign der ,Sportschau', ihre verhaltene Elektronikschlacht mit fanfarenhaftem Synthesizersound und Trickfilmspots aus den ersten Semestern, ist nichts gegen das Rhythmusschlagzeug von ,ran', das die Bundesligatabelle unterlegt, gegen die abgehackte Videoästhetik der wichtigsten Szenen, gegen die Bildmontage des Trailers, wo es nicht darauf ankommt, etwas zu erkennen, sondern eine Techno-Identität zu erzeugen. Mit ‚ran‘ sind wir in der Jetztzeit angelangt – die ist schon viel länger da, aber jetzt merken wir es endlich.

SAT 1 hat Fraktur gesprochen. Siebenhundert Millionen war es der Verwertungsfirma ISPR wert, die Rechte an der Fußball-Bundesliga gleich für fünf Jahre zu sichern, da wurde geklotzt und nicht gekleckert, und im Aushauchen dieses langen Atems wird sich die Investition der Springer-Kirch-Gruppe wohl auch amortisiert haben. Vor allem durch die Werbeeinnahmen: Allein viermal wurde die erste ‚ran‘-Sendung durch Werbung unterbrochen, damit die neue Ästhetik auch gleich voll zum Zuge kam – mit dem Endziel, daß das nicht als „Unterbrechung“ der Sendung erscheint, sondern als integrierter Bestandteil. Die Grenzen zwischen Moderation, Berichterstattung und Werbung werden immer fließender, kokett werden Firmennamen in die Kamera gesprochen und Fahrzeugmodelle abgehandelt – was war das denn für ein Auto, das Stefan Effenberg von Brian Laudrup für eine Spritztour auslieh, das Ende einer wunderbaren Freundschaft? „Ich glaube, ein Mercedes“, stellte Studiogast Lothar Matthäus sofort klar – als Kapitän der Nationalelf weiß er, welches Produkt es da zu plazieren gilt. Der Fußball wird zum Kampfplatz der Kommerzsender, zum wichtigsten Experimentierfeld für die neuen Fernsehformen: Der Fußball liefert die Einschaltquoten, und die sich daraus entwickelnde Werbeästhetik fällt verändernd auf den Fußball zurück.

Zwar gab es auch in der letzten ‚Sportschau‘-Saison eine Art Halbzeitpause, in die ein Werbeblock eingefügt war und der teils verlegen-verkniffen (Faßbender) oder bemüht-selbstverständlich (Wontorra) überbrückt werden mußte, doch die SAT 1-Werbung hat eine neue Qualität, eine, die der Umschlag von der Quantität ist. Denn hier gilt es, abseits des vorgespiegelten Fußballszenarios, die Entwicklung der Werbeästhetik zu verfolgen: also das Feld, wo seit geraumer Zeit die innovativsten Ideen im Sektor der visuellen Künste aufbereitet werden.

Was wir hier erfahren, hat uns die ARD-‚Sportschau' in dieser Dimension nie verraten: Es geht den Deutschen in erster Linie ums Auto und ums Bier. Da kann es gar keine Pannen mehr geben. Wenn in den öffentlich-rechtlichen Sendern eine Einspielung nicht klappt, die MAZ noch nicht fertig ist und der Moderator zu improvisieren gezwungen ist, schaut er erstmal hektisch und hilflos in die Kamera. Dann gelangt ein dünnes Lächeln ins Gesicht. Bei SAT 1 genügt die gelangweilte Stimme aus der Regie: „Dann schieben wir die Werbung vor!"

Die Sportschau hat verwaltet. Es herrschte, mit Redakteuren als Quasi-Beamten, Dienst nach Vorschrift. Wie ein seltsamer Block ragte diese Sendung in die Gegenwart herüber: Sie hatte selbst da noch den Gestus der Macht, wo diese schon längst hinfällig geworden war. ‚ran'-Moderator Reinhold Beckmann indes, mit dem Sicherheitsnetz der Werbung im Hintergrund, ist nur vor dem Yuppie-Zynismus der achtziger Jahre denkbar. Christoph Daum, der immer auf 180 gepulste Trainer vom VfB Stuttgart, wurde in der ersten Sendung extra mit dem Hubschrauber ins Studio geflogen, und für die paar Sekunden Interview schaffte Beckmann tatsächlich die Atmosphäre, in der Daum ungehemmt den Trainerdrive markieren konnte, mit den Händen gestikulierte und mit der Stimme überschwappte. Blutdruck und Nerven extrem am Anschlag: das wäre im nüchternen ‚Sportschau'-Studio mit den zurückgelehnten Fragen und den nur unwillig hingenommenen Live-Simulationen so gar nicht möglich gewesen.

‚ran' drückt das aus, was Fußball heute ist: Show. Zu Zeiten, als Fußball noch eine ernste Angelegenheit war, ein Spiegel der gesellschaftlichen Verhältnisse, war die ‚Sportschau' mit ihrer vorgeblichen Seriosität und ihrer puren Information die adäquate Form: Die Ergebnisse sprachen für sich. Mittlerweile spricht nichts mehr für sich. Der Fußball ist seiner Widerspiegelungsfunktion entledigt. Das Spiel selbst bringt keine Charakterköpfe mehr hervor, sondern austauschbares Jungvolk, es verlegt sich immer mehr auf den Spielfeldrand und auf den Service in den Stadien – da kommen die Fernsehkameras gerade recht. Fußball ist ein endloses Drumherum geworden, und ‚ran' führt das gnadenlos vor. Deshalb ist der Reklameslogan der neuen ARD-‚Sportschau‘ um 19.15 Uhr, mit dem sie gegen SAT 1 Front zu machen versuchte, ein bloßes Rückzugsgefecht: „kompakt, kompetent und ohne Firlefanz“. Da tut man so, als gäbe es den Fußball alter Prägung noch, als könne man noch auf Inhalte vertrauen. „Firlefanz“ indes – dies ist genau der Punkt, dem man auf SAT 1 Rechnung getragen hat.

Da hat man etwa jeder Mannschaft eine Videokamera mit ins Trainingslager gegeben, damit die „Deutsche Videomeisterschaft“ ausgetragen werden konnte – und der Blick in diese Kulissen zeigte weitaus mehr von der Atmosphäre auf so einer Art Klassenausflug, als man bisher ahnen konnte. Videomeister wurde der HSV, der sich als „schärfste Truppe der Liga“ präsentierte und sich auf dem Trainingsplatz sofort seiner Kleider entledigte – man sah allerdings nur die entblößten Hintern. Als es zum Spielbericht vom HSV in dieser Sendung kam, bekannte Reinhold Beckmann gleich Farbe: „Wir wollen den HSV, liebe Frauen, auch von vorne sehen!“ Eingekreist von Softpornos, vermittelt auch ‚ran‘ schonungslos, was man unter „Privatfernsehen“ zu verstehen hat.

Sehr schön zu verfolgen ist in dieser Hinsicht der Werdegang des Journalisten Jörg Wontorra. Der Mann von Radio Bremen fiel als ‚Sportschau‘-Moderator vor allem deswegen positiv auf, weil er einfach nur sein Gesicht in die Kamera hielt und nichts weiter falsch machte. Als Kontrastfigur zu Heribert Faßbender avancierte er dadurch fast zu einer Art Sympathieträger. Als ‚ran‘-Moderator jedoch versucht er, den Stallgeruch des Öffentlich-Rechtlichen loszuwerden und „locker“ zu erscheinen. Er versucht sich in kleinen Witzchen, über die er selbst am lautesten lacht. Dem smarten Beckmann ist die Lässigkeit des Belanglosen schon in Fleisch und Blut eingeschrieben, bei Wontorra ist es einem peinlich. Es ist eben schwer, nachdem man sich in den knöchernen ARD-Anstalten mühsam durchgeboxt hat, die Sprache der Softpornos lernen zu müssen. Als Wontorra kurz vor Weihnachten 1992 den kalifornischen Sonnyboy Eric Wynalda ins Studio bekam, hatte er eine glänzende Idee: Wynalda erwartete in ein paar Tagen – nach entbehrungsreichen, aber erfolgsträchtigen Monaten – den Besuch seiner Freundin aus den USA, und SAT 1 arrangierte den Flug eben vorher, rechtzeitig zur Live-Sendung. Als die beiden sich vor dem immer professionell aufgeputschten Publikum umarmten, war ‚ran‘ zu sich selbst gekommen. Wenn man sich so lange nicht mehr gesehen hat, meinte Wontorra, wird es einem doch „ein bißchen feucht" – bedeutungsvolle Kunstpause – „um die Augen".

Die Augen, die reibt sich so mancher Fußballfan, wenn er ‚ran‘ sieht. Der Deutsche ist da widerstandsfähiger, als man es im Grobraster bei SAT 1 vorgesehen hat: Almdudeln in der Lederhose ja, aber Fußball, das ist schon noch eine ernste Angelegenheit. Deshalb haben die flotten smarten Jungs von der Sportredaktion nach den ersten Sendungen reagiert und den Firlefanz, auf den es programmatisch ankommt, ein bißchen zurückgefahren. Vor allem den „Chefkolumnisten Günna" hat es dabei erwischt. Diese wandelnde Comicfigur, mit breitem Maul und verzerrter Fratze im Ruhrpott-Slang, wurde anfangs als Symbol für den neuen Fernsehsport aufgebaut: Günna stand für deutschen Humor, aufbauend auf dem, was Didi Hallervorden, Mike Krüger oder Alf bereits geleistet haben. Im Bereich des Fußballs funktionierte das anfangs nicht bruchlos: Günna ging den bierernsten Fans ziemlich auf die Nerven. Aber je selbstverständlicher im Lauf der fünf Vertragsjahre der Fernsehfußball auf den Fußball zurückwirkt, desto unwichtiger wird Günna werden.

An ‚ran‘ wird das Abendland nicht zugrundegehen – auch wenn uns die Provinzfürsten der ARD-Sportredaktionen das in ihren Regionalfenstern mit Leichenbittermienen glauben machen wollen. Dieses Abendland nämlich ist schon lange untergegangen. Was SAT 1 liefert, das haben ARD und ZDF mitverantwortet. Das Häppchenwesen, das Zerstückeln, das Uneigentliche: Allenthalben werden Konzessionen an einen Publikumsgeschmack gemacht, an dem lange gearbeitet wurde. Man konnte alljährlich im ZDF-Sportjahresrückblick verfolgen, wie sich der Unterhaltungsterror immer mehr Bahn brach: weg von den Ereignissen, hin zu den Computeranimationen, seltsamen

„Auflockerungen" durch Gags und Kameraspielchen. Schon 1987 schrieb Peter Leissl vom ZDF: „Wir wollten nicht einfach MAZ-Mitschnitte der jeweiligen Ereignisse noch einmal auf die Maschine werfen und diese einfach noch einmal ablaufen lassen." Ach, wie schön wäre das gewesen! Welche Dramatik hat eine Fußballmeisterschaft, wenn man sie noch einmal chronologisch verfolgen würde, welchen Wiedererkennungseffekt bewirkte die einst live dokumentierte Spannung bei einem Turnier! Aber nein, so Leissl: „Wir wollten überarbeiten, selektieren, gewichten, kommentieren." Er meint damit: irgendwelche Mätzchen machen, das Drumherum als Aufhänger nehmen. Und er legt großen Wert darauf, daß das „nicht im Ermessen der Cutterin" liegt, sondern „nach unseren Vorstellungen durch einen MAZ-Ingenieur" geschieht. Gönnerhaft fügt Leissl hinzu: „Das Fernsehen hat sich in den letzten 20 Jahren doch etwas verändert".

Deswegen sah man beim Jahresrückblick 1992 auch fast nichts von der Europameisterschaft, die die Dänen so verblüffend gewannen: Die meiste Zeit nahmen Einstellungen von der Küche des dänischen Trainers Möller-Nielsen in Anspruch, weil der während der Europameisterschaft eigentlich seine Küche streichen wollte. Von den Olympischen Spielen bekam man fast auch keine Bilder mehr – viel öfter sah man einen überdrehten Zeitungsausschreier, der jeden Monat mit einer neuen fiktiven Schlagzeile über Katrin Krabbe und Doping eröffnete. So lernt man das heute in den Journalistikkursen: Aufbereiten, Aufhängen, Drapieren. Daß es überhaupt noch Inhalte geben könnte, ist schon längst aus dem Blickfeld geraten. Unchronologische, assoziative Kameraeinstellungen, keine in sich geschlossene Information mehr über die Dramaturgie der Handlungsabläufe – die Deutsche Meisterschaft im Fußball etwa war so spannend wie nie zuvor gewesen – keine Inhalte mehr, nur noch Firlefanz. Mit SAT 1 hat man bekommen, was man verdient hat.

Interessant ist, wie sich nunmehr unter umgekehrtem Vorzeichen eine ideologische Auseinandersetzung fortsetzen wird, die jahrzehntelang die Gemüter erhitzte: die zwischen ARD und

ZDF, zwischen ‚Sportschau' und ‚Sportstudio'. Das ‚Aktuelle Sport-Studio' des ZDF ist dabei ein recht zweischneidiges Schwert: Auf der einen Seite bietet es notwendiges Hintergrundmaterial für alle, die Fußball als Kultur ansehen, auf der anderen Seite ist dabei schon immer ein fließender Übergang zum populistischen Stumpfsinn zu orten gewesen, Wim Thoelke hat ihn in persona vollzogen.

Das ‚Sportstudio' war seit jeher als Gegenpol zur ungelenken Macht der ‚Sportschau' zu verstehen und hatte daher lange eine subversive Funktion: eine Livesendung am späteren Abend, mit Gesprächen und kurzen Showelementen, am besten durch eine sowjetische Mädchengruppe, die rhythmische Sportgymnastik betreibt. Das Torwandschießen avancierte zum Paradestück dessen, was das Öffentlich-Rechtliche an Show hergibt: ein sich nie restlos erschöpfendes Ritual. Hieß es bisher: ARD gegen ZDF, so heißt es jetzt: ZDF gegen SAT 1 – das Sportstudio des ZDF gewinnt damit etwas Zweideutiges, ähnlich der FDP in der BRD-Geschichte. Die Janusköpfigkeit des ‚Sportstudios' – öffentlich-rechtliche Differenziertheit hier, populistische Tendenzen da – ist das Interessanteste am momentanen Fernsehsport. Doch die Grenzziehung zwischen überraschender Unterhaltung mit psychologischen Einblicken, wie sie unzählige, unvergessene ‚Sportstudio'-Interviews boten, und der Trivialshow wird immer dünner: Wo bei ‚ran' ständig diese beiden unerträglichen Biertrinker einer Hamburger Brauerei nerven, wirbt das ‚Sportstudio' jetzt mit einem Sponsor aus Bremen. Aber das beste Bier kommt nun mal nicht aus dem Norden.

Der direkte Vergleich der ersten ‚ran'-Sendung mit dem ‚Sportstudio' desselben Tags zeigte noch einmal die Überlegenheit des seriösen Journalismus. Selbst, wenn man anfangs schlimmste Befürchtungen hegt, sah man – und sieht man noch! – den Moderator Michael Steinbrecher auftauchen: ein junges Bürschchen wie aus den siebziger Jahren, mit Hippiemähne und Zottellook, das jeden sofort hemmungslos duzt. Doch man ahnt schnell, daß das ein abgekartetes Spiel ist, ein Fehdehandschuh, den das ZDF in seiner Not den Privaten noch einmal hinwarf: Steinbrechers Gesprächsführung ist bei aller Lockerheit sehr intelligent und erreicht auf einer anderen, eher inhaltlich orientierten Ebene die prickelnde Atmosphäre der Interviews, die ständig von Doris Papperitz ausging. Reinhold Beckmann war in ‚ran‘ angesichts von Udo Lattek nichts anderes eingefallen, als ihn nach seinem Käppi und dem schmucken Trainingsanzug zu fragen – schließlich war Lattek eine wandelnde Litfaßsäule und schien das Werbekonzept von SAT 1 zu symbolisieren. Wie Lattek Beckmann abfahren ließ, das war ein letztes Aufflackern von Geschichtlichkeit, von Individualität. Michael Steinbrecher im Sportstudio gelang es dann, im Gespräch mit Lattek ein überraschend differenziertes psychologisches Porträt dieses Fußballbesessenen zu entwickeln. Show kann demnach auch intelligent sein – wie lange dieser Kampf noch anhält, diese Frage könnte spannender sein, als die nach dem Ergebnis der meisten Bundesligaspiele.

II. Die Mentalitätsgeschichte der Bundesliga: Bayern München und seine Gegner

Dort, wo Giesing am tiefsten ist, der alte Arbeiterstadtteil von München, da betreibt Hans-Georg Schwarzenbeck sein Schreibwarengeschäft. Früher hieß er „Katsche" und war der Vorstopper schlechthin: der, der die Dreckarbeit macht, den vordersten gegnerischen Angreifer nimmt und dem Libero dabei hilft, das Gesicht zu wahren. Dieser Libero, der freie Mann, hieß Franz Beckenbauer. Der stand im Rampenlicht und behielt die Übersicht, Katsche hingegen malochte bloß. Die kapitalistische Arbeitsteilung hatte der FC Bayern München als erster deutscher Fußballclub bis zur Perfektion vorangetrieben, doch er verbrämte das von Anfang an höchst professionell mit Öffentlichkeitsarbeit und Show. Schon damals sprachen sie wenig miteinander, der „Kaiser" und sein Knecht. Und heute sitzt Katsche in seinem Schreibwarenladen, als sei überhaupt nichts gewesen. Nur ab und zu, da ordert die Geschäftsstelle des FC Bayern München Vordrucke für ihren Papierkram bei ihm.

Der FC Bayern München ist der Inbegriff des deutschen Fußballs. Woanders flackert zwar immer wieder etwas auf, freut man sich an Ungleichzeitigkeiten und versucht, Fußball zu spielen – doch Bayern gibt den Ton an. Die Verhältnisse scheinen unumstößlich zu sein: Bayern ist reich, unbesiegbar, und niemand mag sie so recht – die alte Bundesrepublik per se.

In der ersten Saison nach dem Ende dieser alten Bundesrepublik, 1991/92, schien es jedoch auch mit der Vormacht der Bayern ein Ende zu haben. Zwei Ostvereine spielten in der ersten Bundesliga mit, ein neues Zeitalter war angebrochen, und die Bayern begannen zu straucheln. Die Heimniederlage gegen Hansa Rostock am zweiten Spieltag war ein Signal. Lange Zeit krebsten die Bayern am Rande der Abstiegszone herum, mit

Abb. 5. Franz Beckenbauer, mit seiner Gattin Brigitte Witterung aufneh-
mend und den Modetrends der siebziger Jahre nachspürend (©: Fred Joch)

ein, zwei Punkten Abstand, noch in der Mitte der Saison rieb sich manch einer verwundert die Augen: die Bayern auf dem vierzehnten Tabellenplatz. Die Kleinen, die Unterdrückten trauten sich, jetzt, wo alles vorbei schien, mit dem Finger auf die Diktatoren zu zeigen. Ein Koloß wankte, und lange unterdrückte Gefühle wurden wach, kamen verquer an die Oberfläche.

Wie das Kaninchen vor der Schlange hatte man sich verhalten, haßte die Bayern, aber wagte sich nicht zu weit vor. Immerhin saß man mit den Herrschern in einem Boot: Sie garantierten ausverkaufte Stadien und verhalfen der Nationalmannschaft zur Durchschlagskraft. Als dieser Stefan Effenberg in der Saison zuvor den unnachahmlichen, typischen Bayern-Satz gesagt hatte: „Meister können eh nur wir werden, die andern sind zu blöd!" – da zuckte man unwillkürlich zusammen, maulte ein bißchen, aber muckte nicht auf. Erst, als Bayern angeschlagen war und zu Hause selbst gegen die Stuttgarter Kickers verlor, machte man Effenberg öffentlich zum Buhmann und pfiff ihn tausendfach aus – Arroganz rächt sich erst auf der Schattenseite der Geschichte.

Es war aber nur ein kurzes Aufbäumen gewesen, eine deutsche Irritation. Hansa Rostock, der Störenfried aus einer anderen, der nichtbundesdeutschen Geschichte, stieg ab. Gleich am ersten Spieltag der Saison 1992/93 setzte sich Bayern an die Tabellenspitze und wollte sie nicht mehr loslassen. Das Prinzip Bayern scheint stärker zu sein als alle anderen Versuche, eine Identität aufzubauen.

1. Bayern und 1860: Parvenüs siegen erst mal immer

Der wahre Münchner Verein heißt ja TSV 1860. Und in den sechziger Jahren war es auch noch so: 1860 spielte in der Bundesliga, und Bayern, das waren die von einer Klasse drunter, ohne Charisma. Rudi Brunnenmeier, Otto Luttrop, Peter Radenkovic – so hießen die Münchner Volkstribunen, und auch heute ist es so, daß der Münchner ein Fan des TSV 1860 ist, der

Münchner „Löwen", und nur die Zugereisten und die Neureichen sind für Bayern.

Das Stadion an der Grünwalder Straße ist mitten in Giesing, und es heißt auch heute noch Sechzigerstadion. Unnachahmlich, mit welcher Melancholie der Sportreporter in Faßbinders Film ‚Die Sehnsucht der Veronika Voss', nachdem alles aus ist und nicht nur die kesse und liebe Conny Froboess, sondern auch Rosel Zech als Veronika Voss tot ist – unnachahmlich, mit welcher Melancholie er ins schwarzweiß hingetuschte Taxi steigt und in die Weite flüstert: „Zum Sechzigerstadion!" 1860 München war die erste Bundesligamannschaft, die in einem Endspiel des Europapokals stand, 1965 gegen West Ham United. Trotz Rudi Brunnenmeier ging es 2 : 0 für die Engländer aus. Aber 1966 wurden die „Löwen" wenigstens Deutscher Meister, und allen Alteingesessenen rings um den Viktualienmarkt gehen die Namen der Sechziger in den goldenen sechziger Jahren heute noch wie der süffigste Edelstoff der ruhmreichen Bierbrauereien über die Zunge.

Da ist vor allem der legendäre Torwart Peter Radenkovic, der erste Torwart in Deutschland, der nicht nur innerhalb seines Sechzehnmeterraums spielte. Seine Ausflüge machten ihn berühmt, vorübergehend kreuzte er sogar im gegnerischen Strafraum auf – die Verunsicherung des Gegners und der Rausch des Publikums heizten ihn an. Radi war auch der Vorbote der jugoslawischen Welle im deutschen Schlager, lange vor Bata Illic und Dunja Raiter: Mit ‚Bin i Radi bin i König' war er natürlich auch der erste Fußballer, der eine Schallplatte besang, und er erreichte damit eine Stückzahl von 400 000 Stück. Radi war der erste Fußball-Entertainer, zu einer Zeit, als die ‚Sportschau' wie die ‚Tagesschau' daherkam und der Fußball noch lange nicht Teil eines erweiterten Kulturbetriebs war. Peter Radenkovic geht über die Mittellinie – dieses Bild wird von den sechziger Jahren bleiben. Heute erklärt er es, als Münchner Hotelier und Kneipenpächter, psychologisch: Er sei ein verhinderter Feldspieler. Als Jugendlicher habe er im Mittelfeld gespielt, und „das machte sich dann eben ein wenig bemerkbar".

Mittelstürmer Rudi Brunnenmeier allerdings hat eine ganz

andere Geschichte. Er hat nie eine Platte besungen. Er hat nie durch Showeinlagen das Publikum unterhalten. Er war der Typ des bulligen Mittelstürmers, des „Sturmtanks", wie man in nostalgischer Verklärung der Panzerschlachten des Generalfeldmarschalls Rommel damals sagte. Da ging es nicht so sehr um Technik, sondern um Kraft, und auch das Abstauben, das sein Münchner Nachfolger Gerd Müller, beim dazu passenden Verein allerdings, so perfekt beherrschte, war Rudi Brunnenmeiers Sache nicht.

Solche Spieler gibt es heute nicht mehr. Und vermutlich auch nicht solch einen Absturz: Selbst der Zocker Uwe Reinders ist ja dann wieder wie ein Phönix aus der Asche auferstanden. Brunnenmeier versank in der Münchner Unterwelt, in der Zuhälter- und Barszene, wanderte hinter Gitter, und als eine Sport-Illustrierte ihn vor ein paar Jahren wieder einmal ausgegraben hat, stapelte er gerade unter Aufsicht des Sozialamts irgendwelche Obst- und Gemüsekisten.

In der Saison, in der die Sechziger Meister wurden, stiegen die Bayern auf. Damit wurde ein Signal gesetzt: Zwei Zeiten überlagerten sich. 1860 war der Verein der Münchner, Bayern der Verein der Neureichen und Zugereisten, und die Karten wurden in dieser entscheidenden Umbruchszeit der späten sechziger Jahre neu gemischt. In einer Bundesrepublik, die nun einmal ein Staat der Zugereisten und Neureichen war, in der es vor allem um den Erfolg ging und nicht um die Tradition, und der Entwicklungsschub des Kapitalismus nach der 68er-Modernisierung legte diese bisher noch umschleierte Tendenz bloß. 1860 ist zwar der Münchner Traditionsverein, dafür bürgt schon der Name, aber bei den Bayern wird das Volkstümliche erst offensiv zur Schau gestellt und dadurch unfreiwillig in seiner Falschheit entlarvt. Die Entfremdung vom bayerischen Brauchtum wurde öffentlichkeitswirksam und gehorchte den Gesetzen der sich entwickelnden Mediengesellschaft: Als Jupp Heynckes, ein ständig geföntzer Rheinländer, in krachledernen Sepplhosen auftrat, war das der Ausverkauf aller Werte, aber auf der Höhe der Zeit. Und ein Uli Hoeneß mit einem Maßkrug in der Hand ist schlichtweg eine Lüge.

Der Stern des TSV 1860 München, der im Übergang von Adenauer zu Erhard am hellsten geleuchtet hatte, begann zu sinken und der des FC Bayern aufzugehen. Es war eine bewegte Zeit, starre Ordnungen wurden durchbrochen und durch neue, effektivere, ersetzt. Vereine wie 1860 wurden von der Entwicklung überrollt, sie waren nicht flexibel genug, sich den neuen Strömungen anzupassen und gingen zusammen mit der Ordinarienuniversität und den Kolonialwarenläden unter. 1969 wurde Bayern erstmals Meister, 1860 war Zehnter mit 34:34 Punkten: eine heikle Balance, der Absturz folgte rasch. In die Saison 1969/70 gingen die „Löwen" ohne all die glanzvollen Namen von früher – jetzt waren auch Patzke, Grosser, Heiß und Rebele gegangen, das neue Wirtschaften funktionierte nicht –, und am Ende der Saison stiegen sie zusammen mit Alemannia Aachen ab.

Was folgte, war ein beispielloses Anrennen gegen das Schicksal: Während die Bayern Furore machten und sich anschickten, sogar auf europäischer Ebene das Deutsche ins Feld zu führen, kämpften die „Löwen" wie die Wilden um die Erstklassigkeit. In der Regionalliga Süd war es aber wie verhext. Aus der Stärke der Provinz, der Verbundenheit mit den Fans, waren provinzielle Possen geworden: Kurz vor Beginn der Saison 1973/74 weilte der Weltenbummler Rudi Gutendorf im Hotel Bayrischer Hof, als er der Morgenpresse entnahm, daß die Sechziger noch keinen Trainer hatten. Gutendorf rief sofort bei Präsident Sackmann an und teilte mit, er sei gerade aus Chile zurückgekehrt – da komme ein Verein wie der TSV 1860 München doch gerade recht. Wenige Minuten später war Gutendorf verpflichtet.

Die Fans der „Löwen" sind beispiellos. Selbst als sie in die Drittklassigkeit strafversetzt wurden, waren die Auswärtsspiele allesamt Heimspiele, bis in die Niederungen reisen Tausende mit. Als 1974 tatsächlich an der Tabellenspitze der Regionalliga Süd geschnuppert wurde und der FC Augsburg zum Spitzenspiel kam, gelangte das eben für die Olympischen Spiele und in deren Gefolge für den FC Bayern gebaute Olympiastadion an seine Grenzen: Mehr als 80000 Zuschauer begehrten Einlaß.

Weder vorher noch nachher war das Olympiastadion derart überrannt, bei den Bayern passierte das selbst in den erfolgreichsten Zeiten nie, und bei den Sechzigern reichte schon die windige Hoffnung, wieder einmal an die Tür der Ersten Liga zu klopfen. Das Ergebnis war ein mageres 1:1. Aber das sportliche Ergebnis ist für die Fans der Sechziger nie das Maß aller Dinge. Ihr Glaubenssatz „Einmal Löwe, immer Löwe" hat bis heute seine Gültigkeit, ob Europapokal oder Bayernliga.

Bayernliga: Von 1982 bis 1991 dauerte die erste große Durststrecke zwischen Vestenbergsreuth, Helmbrechts und Memmingen. Doch auch die dritte Liga machte den Fans nichts aus. Ein Phänomen wie die Löwen ist in der Amateurliga einzigartig. Das deutete sich schon am 4. August 1982 an, dem ersten Spiel in derlei Gefilden: Mehr als 12 000 Zuschauer im ‚Grünwalder Stadion' wollten nicht so sehr die Spielvereinigung Landshut sehen, sondern vor allem Präsenz bekunden. Im Jahre 1984 kam es zu einem Bayernligaspiel, das noch heute den Fans der Löwen die Tränen in die Augen treibt: Erstmals in der Geschichte des deutschen Fußballs war ein Stadion zu einem Amateurspiel ausverkauft. Vor der Winterpause waren es für die Löwen zwölf Punkte Abstand auf den Tabellenführer Fürth gewesen, Ende Februar waren es noch vier, Anfang März drei, Mitte April zwei. Und dann kam es zum Spiel gegen die Fürther im Stadion an der Grünwalder Straße. Mehr als dreißigtausend wollten es sehen. Nach 36 Minuten hatten Löbmann, Schönwetter, Korus, Beer und noch einmal Löbmann ein 5:0 herausgeschossen, am Ende hieß es 6:1. Hans Eiberle in der ‚Süddeutschen Zeitung' überkam es, er rang mit den Worten: „Nostalgische Nacht der schönen Tore" hat er das Ganze überschrieben. In der Aufstiegsrunde zur Zweiten Liga hat es dann doch nicht gereicht.

Als die Löwen in der Saison 1977/78 tatsächlich noch einmal in der Ersten Bundesliga gespielt hatten, war das eher ein Versehen: Nach dreizehn Spieltagen hatten sie 2:24 Punkte, und auch drei Jahre später sollte es nicht reichen. Die Bayern wurden laufend Meister, Sechzig stieg laufend ab. Das hatte vor allem etwas mit dem Wirtschaften zu tun: Löwen-Präsident

Abb. 6. Günter Netzer, mit seiner Freundin Hannelore Girrulat im Zentrum stehend (©: Sven Simon, Essen)

Erich Riedl, in seiner Partei der CSU-Haushaltsexperte (Zwischenruf Herbert Wehners: „Sie Absteiger Sie!") ließ den Schuldenberg gigantisch anwachsen. 1982 schließlich, die Schulden waren auf acht Millionen angewachsen, verweigerte der DFB den Löwen die Lizenz: Der Zwangsabstieg in die Bayernliga folgte. Der Schlachtruf „Nie mehr Bayernliga" avancierte zum Evergreen der Fans, der neun Jahre lang aktuell bleiben sollte.

Nüchternheit, Effizienz: damit hatten die Löwen nichts zu tun. Das war das Terrain der Bayern. Während die Sechziger ihren zähen Kampf um die Identität führten und CSU-Politiker wie millionenschwere Bauunternehmer, Volkstribunen aus altem Schrot und Korn, als Vereinspräsidenten verbrauchten, setzten sich die Bayern stets sofort an die Spitze. Die alten Zöpfe fielen. Bayern war der erste deutsche Fußballclub, der einen Manager beschäftigte und der begriff, daß eine Bundesligamannschaft fortan wie ein modernes Unternehmen zu führen war: Die Kriterien der Betriebswirtschaft zählten, kapitalistisches Know-How. Dies verschaffte den Bayern eine Infrastruktur, die konkurrierenden Vereinen einen Entwicklungssprung voraus war. Wo andernorts immer noch altdeutsches Vereinswesen mit ehrenamtlichen Präsidenten als Selbstdarstellern und Volkes Stimme herrschte, funktionierte Bayern ausschließlich nach den Kriterien des wirtschaftlichen Erfolgs. Und schnell stellte sich heraus, daß in den Jahren nach 1968 ein neuer Widerspruch auftauchte: Nicht mehr der Münchner Ortsrivale, die bodenständigen Sechziger, war der Gegner für die Bayern, sondern jene Mannschaft, die gleichsam aus dem Nichts auftauchte und vom frischen Wind einer neuen Generation getragen war: Borussia Mönchengladbach.

2. Bayern und Gladbach: Rock gegen Rechts

1965 stiegen die beiden Mannschaften in die Bundesliga auf, die ihr für die nächsten Jahre den Stempel aufdrücken sollten: neben Bayern aus der Regionalliga Süd war dies Borussia Mönchengladbach aus der Regionalliga West. Und es stellte sich sehr schnell heraus, daß hier zwei grundsätzlich entgegengesetzte Prinzipien wirkten.

Borussia Mönchengladbach hatte in der Aufstiegssaison mit knapp über Zwanzig das jüngste Durchschnittsalter aller Regional- und Bundesligamannschaften gehabt und dabei 92 Tore geschossen. Der Innensturm mit Netzer, Rupp und Heynckes war dabei das Glanzstück, und schon in der zweiten Bundesligasaison war Gladbach so weit, daß es auch in dieser Liga die meisten Tore schoß. Allerdings kassierte es auch eine Menge Gegentore, so daß es nur zum achten Platz reichte, aber das Profil der Mannschaft war damit klar. Man scherte sich nicht um Sicherheit, man griff einfach an, herzerfrischend und einfallsreich. Die jungen Fohlen vom Bökelberg widersetzten sich jeglicher Rechenschieberlogik, sie spielten sich frei von allen Zwängen, sie stürmten unwiderstehlich nach vorn. 1967 wurden Schalke und Neunkirchen zweistellig besiegt – doch eine Woche nach dem 0:11 in Gladbach gewann Schalke im Pokalspiel mit 4:2. Das war typisch für Gladbach. Lieber mit fliegenden Fahnen untergehen als mit sturer Gemütsverfassung auf Erfolgskurs bolzen.

Gladbach und Bayern: Hier standen sich zwei Optionen gegenüber, die in den wenigen Jahren nach 1968, als wirklich Bewegung in die bundesdeutschen Strukturen kam, um die Vorherrschaft rangen – Radikalität oder Nüchternheit, Reform oder Pragmatismus, Utopie oder Funktionalität. Es ist naheliegend, daß die ersten Jahre nach der Studentenbewegung und dem Regierungswechsel eher im Zeichen Mönchengladbachs standen: Kompromißloses Angriffsspiel, der Blick richtete sich unablässig nach vorn, die Flanken wurden aufgerissen. Getragen war dies alles von den weiten Pässen Günter Netzers, die den Geist der Utopie atmeten.

1972, im Jahr des Mißtrauensvotums gegen Willy Brandt und dem bisher einmaligen überwältigenden Wahlerfolg der SPD, war der deutsche Fußball unwiderstehlich und vom Schwung Mönchengladbachs geprägt: Die Europameisterschaft in diesem Jahr und das 3:1 in Wembley gegen England sind bis heute der Höhepunkt fußballerischer Avantgarde. Genau bis 1974, dem erzwungenen Rücktritt von Brandt, dem Wechsel von Günter Netzer zu Real Madrid und dem Gewinn der Weltmeisterschaft, der die Wende markierte, hatte Gladbach gegenüber Bayern die Oberhand. Zwar waren es die Bayern, die von beiden Mannschaften zum erstenmal Meister wurden, und zwar 1969, noch im Zeichen der Großen Koalition – doch 1970 und 1971 gab es einmalige Triumphzüge der Gladbacher, die damit auch das Kunststück fertigbrachten, als erste Mannschaft den Meistertitel erfolgreich zu verteidigen.

Die analytische Kraft, mit der ein Franz Beckenbauer zwanzig Jahre danach die Gegensätze einebnen will, ist bezeichnend. In seiner 92er-Autobiographie ,Ich – wie es wirklich war' schreibt er über Bayern und Gladbach bloß: „Zwei Mannschaften, die über eine kleine Gruppe von Ausnahmespielern verfügten, die zusammenblieben, älter und besser wurden, selbstbewußter und erfahrener." Diese Geschichtsklitterung des vermeintlichen Siegers der Geschichte will uns vergessen machen, welch widerstreitende Kräfte in Gladbach und Bayern einander gegenüberstanden: Schönheit gegen Erfolg, Denken gegen Aussitzen, Links gegen Rechts.

Borussia Mönchengladbach war die erste Mannschaft, in der die Mitbestimmung praktiziert wurde: Der legendäre Trainer Hennes Weisweiler beriet sich mit den beiden profiliertesten Spielern, Netzer und Vogts, und tat nichts gegen deren absolutes Veto. Und die Spieler forderten von ihrem Trainer an der Seitenlinie immer einen alten Dufflecoat, weil der Glück brächte. Der Prototyp des denkenden Fußballers in Deutschland, des Fußballindividualisten schlechthin, war der Mittelfeldregisseur Günter Netzer, der Mann, der die Fäden zog. Netzer hat ein für allemal aufgezeigt, wozu Fußball auch in Deutschland fähig sein kann.

Netzer sprach Worte aus, die im deutschen Fußballdiskurs eine Tabuverletzung sondersgleichen darstellten. Er sprach von Kunst, von Einsamkeit, von Rebellion. Als er sich im Vorfeld der Fußball-Weltmeisterschaft 1970 in Mexiko gegen Bundestrainer Helmut Schön auflehnte, berieten einflußreiche Pressekreise den Schönwettertrainer mit einem Leninzitat: „Das brennende Herz eines Revolutionärs vermag niemand zu löschen." Netzer und die Nationalmannschaft: Das war ein einziges Ausloten der Grenzen, ein Kampf um das Ausweiten der Horizonte. Nur im Europameisterschaftsjahr 1972 kam es zwischen Netzer, dem Prinzip Mönchengladbach, und der Nationalelf mit dem vorherrschenden Prinzip Bayern zu einem vorübergehenden Ausgleich, zu einem historischen Kompromiß. Daß aber die läppischen zwanzig Minuten, die Netzer jemals während einer Weltmeisterschaft für die Nationalelf verheizt wurde, ausgerechnet die letzten zwanzig Minuten des einzigen Spiels waren, das jemals zwischen der BRD und der DDR ausgetragen wurde – das ist eine unerhörte Volte. Nicht umsonst gewann die DDR.

Netzer sagte: „Ich betrachte es als Kunst, den Ball in Richtungen zu schießen, die schwierig sind." Dem einfachen, naheliegenden Paß zog er das Risiko vor; das nicht so Vordergründige, das Überraschende war sein Part. Ob er Freistöße trat, Ecken oder die unübersehbar langen Pässe – unvergessen der Vierzigmeter-Paß zum 4:0 gegen Schalke, der fünf unglücklich postierte Abwehrspieler einfach ausschaltete, so daß Rupp bloß noch einzuschieben brauchte: Netzer suchte nach der ästhetischen Erfüllung, nicht nach dem bloßen Erfolg.

Seine Ecken, Freistöße und Pässe waren immer angeschnitten, nie trat er voll auf den Ball, sondern streichelte ihn, schmeichelte ihm: Immer bekam der Ball den gewissen Dreh, nie flog er in gerader Linie. Als er im Spiel gegen die Nationalmannschaft von Südkorea im Juni 1969 in Seoul eine Ecke direkt verwandelte, glaubten die Einheimischen, einen leibhaftigen Magier vor sich zu haben und überreichten ihm einen eigens dafür gestifteten Pokal. Netzers Ruhm als Ballkünstler war so groß, daß der Torwart von Epa Larnax auf Zypern im Europapokalspiel seine Freistoßmauer in einem Bogen neben dem Torpfosten aufstellte, weil er die Flugbahn des Balles fürchtete: Hier allerdings brachte es Netzer über sich, den Ball auf geradem Weg direkt ins Tor zu schießen.

Wenn sich Netzer den Ball für einen Freistoß zurechtlegte, war das ein Ritual. So sensibel er den Ball ins Gras bettete, so fürchterlich war das Ergebnis für den Torwart. Netzer brauchte bis zu einer Minute, bis er den Ball ins richtige Verhältnis zum Rasen gebracht hatte, bis der Ball in seinem Sinn ruhte, und die zärtlichen Liebkosungen des Balles mit den Fingerspitzen brachten den gegnerischen Torwart zur Raserei, zur tobenden Eifersucht. Der Torwart wurde durch die unverhüllte Erotik zwischen Netzer und dem Ball entmachtet, lange bevor er ins Geschehen eingreifen konnte. Doch kaum war der Ball endlich aus der Hand gelegt, kam es zu noch größeren Ausschweifungen: In Netzers Besprechen des Balles vor dem Freistoß lag etwas von den alten Mythen, von etwas Überliefertem, was nicht mehr rational zugänglich ist, aber doch an eine tief verwurzelte Wahrheit gemahnt; hier wurde etwas Höheres angerufen. Netzer kniete vor dem Ball, hielt Zwiesprache mit ihm, dieweil die Mauer immer hektischer wurde. Berührte der Ball dann endlich das Netz, war es wie eine Erlösung.

Netzer quälte sich sehr damit, „daß dem Fußball immer noch ein Hauch Dämlichkeit anhängt". Er zelebrierte seine Kunst während der neunzig Minuten des Spiels – außerhalb des Spielfelds jedoch bewegte er sich in anderen Kreisen. Seine Liaison mit Hannelore Girrulat, einer Goldschmiedin, war Programm: Die Dame hatte nichts von einer Fußballbraut, sondern war eher eine Art Model in der Glanzzeit der Rock- und Pop-Ära. Sie stattete Netzer mit dem lässigen Charme des Weltläufigen aus, kümmerte sich um seine künstlerische Aura auch außerhalb der Fußballwelt. Hannelore Girrulat besorgte die Ausstattung von Netzers Diskothek ‚Lovers Lane': radikal schwarzweiß. ‚Lovers Lane', das war der Geist der Hippiezeit, die Musik der Stones und die wollüstige Melancholie des Whiskeyglases an der Theke. „Jeder von uns beiden liebt seine Freiheit", diktierte Netzer der Presse in die Blöcke, und deshalb wollten sie nicht heiraten und auch keine Kinder kriegen. Hannelore würde später lieber ein Kind adoptieren: Es gebe so viele Waisenkinder auf der Welt, habe sie zu ihm gesagt.

Günter Netzer, der Mann mit dem schulterlangen Haar und dem abwartenden, nachdenklichen Gestus auch auf dem Fußballplatz: Wenn er zusammen mit Hannelore Girrulat zwischen schwarzen Porzellankatzen, nackten Zweigen in einem Sektkübel und einer kubisch zulaufenden Stehlampe abgebildet ist, bekundet er, daß Fußball für ihn bloß eine Metapher ist. So etwas konnte nicht gutgehen in Deutschland.

Der Künstler braucht seine Aura. Es ist leicht, sie zu zerstören. Netzer unterlag immer der Gefahr, der Musils Zögling Törleß unterlag, es drohte immer die Turnstunde Rainer Maria Rilkes. Am 22. Juni 1971, bei einem Länderspiel in Norwegen, legte sich Netzer wieder einmal selbstvergessen den Ball für seinen Freistoß zurecht. Netzer kniete noch, da machte Bekkenbauer zwei Schritte und schlug ganz pragmatisch auf den Ball. Der Torwart, ganz im Banne Netzers, war völlig überrumpelt, der Ball ging unauffällig ins Tor. Eine zutiefst allegorische Situation – Netzer hatte seinen eigenen Untergang heraufbeschworen.

Mit dem Wechsel zu Real Madrid wurde Netzer auch aus der Nationalelf ausgebootet. Sein letzter Auftritt im Mönchengladbacher Trikot, im Pokalendspiel gegen Köln 1973, setzte einen furiosen Schlußpunkt: Erst in der Verlängerung eingewechselt, erzielte er nach dem Inbegriff, dem Sinnbild eines Doppelpasses, das entscheidende Tor. Fortan bildeten die Spieler Bayerns unangefochten den Stamm der deutschen Nationalmannschaft, keine Irritationen mehr. Die Ära Helmut Schmidts begann: Von den weiten raumgreifenden Pässen zum Kleinklein-Gekikke, von den wieselnden Dribbelkünstlern zu den Defensivstrategen, von Hacki Wimmer zu Hans-Georg Schwarzenbeck. Der Geist Gladbachs konnte sich auf Dauer nicht gegen den Pragmatismus Bayerns durchsetzen: Das ist das Los der Bundesrepublik. Es ist aber auch die Wurzel ihres internationalen Erfolgs. Wie Gladbach gegen Inter Mailand im Europapokal 7:1 zu gewinnen, wäre Bayern nie passiert – die Tragik, daß dieses 7:1, das berauschendste, was eine deutsche Vereinsmannschaft jemals geboten hat, wegen eines Büchsenwurfs nicht anerkannt wurde und deshalb in den offiziellen Akten nicht mehr aufzufinden ist, ist Bayern aber deswegen ebenso fremd. Bayern gewann im Zweifelsfall mit 1:0. Der Gegner verbrauchte sich, der Gegner spielte fürs Auge, der Gegner

Abb. 7. Werder-Manager Willi Lemke, als sozialdemokratischer Agitator immer im Kampf mit den Vorgaben der Bayern (©: Sven Simon, Essen)

vergaß sich, getragen von den Emotionen – und Bayern schlug im entscheidenden Moment unbarmherzig zu. Die Tore Bayerns waren nicht Tore nach traumhaften Flankenläufen und verwirrenden Kombinationen, die Tore Bayerns fielen original-typisch nach unübersichtlichem Getümmel im Fünfmeterraum, erzielt zumeist von Gerd Müller. Bayern spielte sich nie in einen Rausch, Bayern gewann aus Berechnung.

3. Werders Leiden

Obwohl die neuen Manager, die Macher der siebziger Jahre ohne die 68er-Bewegung undenkbar sind, sind sie doch im Grunde unbeschadet von allzu aufwendigen Gefühlen. Sie sind das bloße Unterfutter der Macht. Bayern München ist nicht zufällig die Fußballmannschaft, die so wie keine andere mit einer politischen Partei zu identifizieren ist: der CSU. Benno

Möhlmann als Chef der Spielergewerkschaft hatte deswegen nur einen Verein in seinen Unterlagen, von dem kein einziger Spieler der Gewerkschaft beigetreten war: Bayern München. Die bayrische Staatspartei bediente sich, solange die Bundesrepublik noch in Ordnung war, aus Repräsentationsgründen einer Staatsmannschaft, der Katholizismus brauchte Glamour. Offen traten die Spieler bei Wahlveranstaltungen der CSU auf und warben in Zeitungsanzeigen für sie mit ihren Köpfen. Als Franz Beckenbauer zu seinem Unglück Anfang der siebziger Jahre einem Kulturredakteur des ZDF ein Interview zusagte, lockte Reinhart Hoffmeister so lange, bis Beckenbauer sagte: Er halte Willy Brandt für ein „nationales Unglück". Und als bei den Bayern, welch ein Versehen, ein langmähniger Hippietyp namens Charly Mrosko angeheuert hatte, konnte das nicht lange angehen: Als er im Training einmal Beckenbauer, und das nicht etwa aus Versehen, getunnelt hatte, signalisierte der Kaiser bloß: Nichts wie weg hier!

Selbst bei einem lockenköpfigen Rabauken wie Paul Breitner, der sich im Glanz des Politpop vor einem Porträt Mao tse Tungs fotografieren ließ, reichte es in den achtziger Jahren bei der Frage nach der Partei seiner Wahl nur noch zur müden Antwort „FDP" – daß diese Gruppierung von interessierten Kreisen immer arglistig zum schlimmsten Feind der CSU hochstilisiert wird, gehört mit zum Spiel. Im Freistaat Bayern in den achtziger Jahren für die FDP zu sein, das bleibt dann übrig, wenn man in den Siebzigern mit der Mao-Bibel unter dem Kopfkissen geschlafen hat. Im Bayernzirkus müssen immer auch ein paar gezähmte Löwen in der Manege sein. Franz-Josef Strauß und die CSU brauchten die Bayern als hochdotiertes Lustobjekt – im komplizierten Gefüge der alten Bundesrepublik konnte das gut funktionieren. Bayern als Sinnbild des Reichtums und der Macht, ideologisch untermauert von einer Eindeutigkeit, die nur noch in eben diesem Freistaat Bayern zu haben war.

Das Bundesland Nordrhein-Westfalen, traditionell mit dem größten fußballerischen Potential ausgestattet, konnte da nicht mehr mithalten. Wirtschaftlich gebeutelt, von einer immerwährenden SPD-Regierung im Kampf gegen den Abbau der Kohle- und Stahlindustrie und für Gesamtschulen ausgezehrt, konnte der Westen auf den fahrenden Zug des Luxus und der Moden nicht aufspringen. Als Gegenpol zu den Bayern, nachdem die utopiehungrigen Gladbacher ausgebremst worden waren, versuchte sich der Norden zu profilieren: zuerst der HSV, der eine kurze trügerische Zeit lang den Bayern das Wasser abgraben konnte, aber mit seiner nervtötenden Art, Fußball zu spielen, mit den Bayern bis zur Unkenntlichkeit verschwamm: immer diese Bananenflanken eines Kaltz, immer diese Kopfbälle eines Hrubesch, das war Fußball zum Abgewöhnen und geradezu eine überspitzte Satire auf die Erfolgscoolness der Bayern. Aber dann tauchte ein ideologisch weitaus gefährlicherer Gegner aus dem Norden auf: Werder Bremen.

Bremen hatte in den siebziger Jahren mit denselben Mitteln wie die Bayern versucht, an die Speckseiten zu kommen. Doch die sogenannte „Millionenelf" aus zusammengekauften Spielern wurde ein Reinfall und trieb Werder letztlich sogar in den Ruin, in den Abstieg 1980. In der zweiten Liga jedoch, in der Zeit der Sanierung, kam es zu einer Besinnung auf die ureigenen Tugenden, auf sozialdemokratisch hanseatisches Haushalten und Ausharren: Stallgeruch kam auf, ein Wir-Gefühl, meisterhaft entfacht von Otto Rehhagel, der in der Art Herbert Wehners als Urgestein den Weg wies: ein Kerl, der nur in der Atmosphäre des Fußballs und seines ursprünglichen Umfelds denkbar ist, einer, der seine Jungs antreibt, der den richtigen, herzhaften Ton trifft und über das Jahr hinaus denkt.

Nach dem sofortigen Wiederaufstieg begann eine Erfolgsserie, die zusammen mit der authentischen Rehhagel-Werder-Mentalität die Bayern herausforderte: zweimal Fünfter und zweimal Zweiter wurden die Bremer, ihr Atem saß den Bayern immer quälender im Nacken, und es war ein frischer Atem, ein lebendiger Atem, die Energie eines wirklichen Feindes. Der Haß zwischen Nord und Süd wurde immer größer. Und anders als in der Bayern-Gladbach-Antithese ging es nicht in erster Linie um philosophische Fragen, sondern eindeutig um pragmatische Politik: CSU gegen SPD.

Werder avancierte zum Hoffnungsträger aller Wendegeschädigten, all jener, die in Kanzler Kohl einen auch ästhetischen Niedergang sahen und sich deswegen bereitwillig unter die Kandare des Fraktionsführers Rehhagel und in die Parteidisziplin des ehemaligen Bremer SPD-Landesgeschäftsführers Willi Lemke, des Werder-Managers, nehmen ließen. Uli Hoeneß, der Widerpart aus dem Freistaat erkannte die Gefahr. Er witterte in Lemke den Volkstribun, den Agitator, „ganz schlimm und ganz links", wie es im ‚Spiegel' hieß. Lemke, so Hoeneß auf dem Höhepunkt der Ära Kohl, müsse lernen, „daß er nicht mehr bei der SPD ist, die leider an zweiter Stelle steht, aber hoffentlich noch lange da stehen wird". So trieb alles auf den Höhepunkt zu: die Saison 1985/86.

Lange schien es so, daß Werder die Bayern endlich in die Schranken weisen würde. Man wurde unangefochten Herbstmeister, mit drei Punkten Vorsprung vor dem Freistaat und einem Torverhältnis von 50:27 – die Bayern hatten eines von 32:20, ihre typische Minimal-Art. Aber im vorletzten Spiel der Vorrunde hatten sie auch in ihrer üblichen Weise Politik gemacht und Wege in die Zukunft gewiesen: Beim Heimspiel gegen Werder kam es zum historischen Foul des Klaus Augenthaler, dem Bayern-Libero, in dem die Ablehnung von Schönheit und höherem Sinn des Fußballspiels programmatisch Gestalt angenommen hatte, an Rudi Völler, dem reformfreudigen Sturmtank Werders – der im übrigen das Toreschießen ausgerechnet beim TSV 1860 gelernt hatte.

Dieses Foul war auf der einen Seite so bestialisch, daß es dazu geeignet gewesen wäre, die ganze Rambo- und Horrorvideolawine der kommerziellen Sender auf der Mattscheibe ideologisch vorzubereiten, auf der anderen Seite aber auf abgebrühteste Weise durchdacht. Völler war die Seele des Werder-Spiels, die treibende Kraft, der Mitreißende. Die Szene war von hohem Symbolgehalt: Völler hatte sich gerade unwiderstehlich aufgemacht in Richtung Bayern-Tor, zog davon, und mitten in die Beschleunigung krachte der Knochenschlag Augenthalers. Udo Lattek, der Bayern-Trainer, faßte sein kurzsichtiges Nichts-ist-erfolgreicher-als-der-Erfolg-Denken, seine Intellektuellen- und

Ästhetikfeindlichkeit, die dem Fußball langfristig den Garaus macht, in folgende unnachahmliche Worte: „Gegen Völler nur den Ball zu spielen ist unmöglich. Der ist zu schnell." Völler war für lange Zeit ausgeschaltet. Zudem gewann Bayern nur dadurch 3:1.

In der Rückrunde, durch Völlers Fehlen psychisch geschwächt, kämpfte sich Werder durch – verbissen, mannschaftlich geschlossen, in eiserner Fraktionsdisziplin. Rehhagels Miene wurde immer finsterer. Die Bayern holten im Torverhältnis immer mehr auf. Kurz vor Schluß verließen Werder die Kräfte. Beim entscheidenden Show-Down, am vorletzten Spieltag vor dem Rückspiel gegen Bayern in Bremen, hatte Werder nur noch zwei Punkte Vorsprung, aber das schlechtere Torverhältnis. Es war ein Flutlichtspiel, ein Endspiel. Bei einem Sieg Werders wäre die Meisterschaft gesichert gewesen. Und es wurde verbittert gekämpft. Es wurden die letzten Reserven mobilisiert. Ein typisches 0:0-Spiel. In der 86. Minute jedoch schien das Schicksal ein Einsehen zu haben. Es kam zum Elfmeterpfiff für Werder – ein fußballimmanent, positivistisch betrachtet sicher unberechtigter Elfmeter, doch in einem höheren Sinn geradezu zwingend. Otto Rehhagel konnte nicht von ungefähr im Brustton der Überzeugung im ZDF verkünden: „Ganz Deutschland steht hinter uns!" Er wußte, daß das stimmte. Dieser Elfmeter war die Wahrheit.

Doch immer, wenn es darauf ankommt, haben die Sozis keinen Biß. Kutzops Elfer ging vorbei. Dies war das Aus. Sicher, vor dem letzten Spieltag betrug der Abstand zwischen Werder und den Bayern immer noch zwei Punkte. Aber Bayern hatte ein Heimspiel gegen Gladbach, und die Erinnerung an frühere Demütigungen würde die Bayern wie Bluthunde auflaufen und ihren schon seit Jahren angeschlagenen Gegner zerreißen lassen. Sie gewannen mit 6:0.

Bremen aber mußte nach Stuttgart. Und daß dieser baden-württembergische Musterverein, mit dem CDU-Rechtsaußen Gerhard Mayer-Vorfelder an der Spitze, mit den Gesinnungsbrüdern aus München gemeinsame Sache machen würde, war klar. Die Bremer, durch ihr sozialdemokratisch determiniertes

Abb. 8. Dragoslav Stepanovic, der Mann aus dem Frankfurter Milieu, im Trainingslager auf Gran Canaria (©: Horst Müller, Düsseldorf)

Versagen in der Sekunde der Wahrheit, durch den verschossenen Elfmeter, bereits preisgegeben, fuhren nach Stuttgart als Geschlagene. Ein Unentschieden hätte ihnen genügt, aber sie bäumten sich gar nicht erst auf. Bieder fügten sie sich ins Unvermeidliche. So hatte man schon 1914 den Kriegskrediten zugestimmt, so hatte man sich 1933 dem Ermächtigungsgesetz gefügt. Stuttgart zerriß sich für die schwarzen Brüder, der Streit zwischen VfB-Heros Karl Allgöwer, der immer ein bißchen links tat, und Präsident Mayer-Vorfelder war da nur ein Nebenwiderspruch, eine schwäbische Kauzigkeit. Allgöwer peitschte seine Mannen zum 2:1-Sieg. Und Bayern-Präsident Fritz Scherer sagte trocken: „Die sollen sagen, was sie trinken wollen, das schicken wir ihnen".

Dann kam die deutsche Einheit. Dann wurde auch Bremen einmal Meister. Doch selbst dies war ein geheimer Triumph für die Bayern: Werder spielte mittlerweile genauso wie sie, eine ganz große Koalition.

4. Eintracht oder die Vergeblichkeit

Als im neuen Deutschland die Verteilungskämpfe einsetzten, gerieten auch die Bayern ins Straucheln. Kaum waren die ersten Ahnungen davon spürbar, daß mit dem Jahr 1989 eine Epoche zu Ende ging und etwas ganz Neues anfing, bekam auch die Bayern-Identität, die so ganz auf die Koordinaten der alten Bundesrepublik ausgerichtet war, Risse. In der ersten Saison, die während der neuen deutschen Situation stattfand, war das noch nicht so gravierend. Daß da Kaiserslautern Meister werden mußte, war einfach klar. Die Pfalz, der deutsche Wald, die deutsche Mitte: Helmut Kohl als Kanzler der Einheit, Kaiserslautern Deutscher Meister. Das mußte so sein. Zudem waren mit Boris Becker und Steffi Graf, zwei junge Menschen, die dieses unverwechselbare Idiom furchtlos vor die Fernsehkameras tragen und es sogar noch unverfroren in der englischen Sprache beibehalten, die pfälzischen Töne als das neue deutsche Weltmachtstreben sogar im ideologischen Überbau manifest geworden.

Die deutsche Einheit und Kaiserslautern als Deutscher Meister, das erinnerte an die Helden von Bern 1954, als die Kerntruppe auch pfälzisch war und man schon einmal ein Wirtschaftswunder vollziehen mußte – wir brauchen uns also nicht lange bei dieser Kaiserlauterer Meisterschaft aufhalten. Das mußte einfach so sein und konnte sich auch nicht wiederholen.

Danach wurde es aber prekär. In der Saison 91/92 war es auch im Fußball nicht mehr so, wie es immer war. Eine Oberliga Nordost entstand und wurde dem Deutschen Fußballbund zugeschlagen, und in der Bundesliga spielten auf einmal zwei Mannschaften mit, mit denen man bislang nie etwas zu tun hatte: Rostock und Dresden. Das brachte die Bayern ernsthaft in Bedrängnis. Hatten sie in der Saison zuvor Kaiserslautern erst kurz vor Torschluß den Vortritt gelassen, kamen sie jetzt gewaltig unter die Räder. Drei Trainer verschlangen sie in einer Saison, fanden sich auf dem vierzehnten Tabellenplatz wieder und rochen die ranzige und abgestandene Luft des Abstiegskampfs, die sie mit ihren champagnerbetäubten Nasen überhaupt nicht gewohnt waren. In dieser Saison war alles möglich, Deutschland spielte verrückt.

Es kam zu einem Fotofinish von drei Mannschaften, die völlig unterschiedliche Strömungen darstellten und die Bayern-Vorherrschaft scheinbar ausgeschaltet hatten. In diesem deutschen Chaos mit Wertezerfall und neuen Orientierungen trat mit Borussia Dortmund sogar zum erstenmal wieder die sozialdemokratische Ruhrpott-Option auf den Plan, etwas, womit man nun überhaupt nicht mehr gerechnet hatte, und mit Eintracht Frankfurt schien sich gar eine Renaissance des längst Abgehefteten anzukündigen, ein Wiederaufleben der guten alten Adorno-Schule und der Filigran-Ästhetik.

Daß mit dem VfB Stuttgart die entschieden blasseste Mannschaft das Rennen machte, kündigte allerdings kommendes Unheil bereits an. Stuttgart war an einem entscheidenden Zeitenwechsel, im Jahr 1986, schon einmal der Steigbügelhalter Bayern Münchens gewesen, im Parteiengezänk gegen Werder Bremen. Diesmal war der Preis höher: Als Tribut konnte eine Meisterschaft eingefahren werden.

Stuttgart war nichts weiter als der Statthalter Bayerns in diesem verrückten Zwischenjahr, als alles einmal offen schien und noch nichts von Sachzwängen verdüstert. Stuttgart war insgesamt dreimal an der Tabellenspitze gewesen, sogar der Absteiger Rostock hatte das fünfmal geschafft, von Dortmund (elfmal) und Frankfurt (neunzehnmal) ganz zu schweigen. Am letzten Spieltag, als die drei Mannschaften punktgleich waren, rafften sich, und das sagte alles über Stuttgart und Fußball, kaum zehntausend Stuttgarter auf, nach Leverkusen mitzufahren. In Duisburg im ‚Wedaustadion‘ (gut dreißigtausend Plätze) waren dagegen fast nur Dortmunder zu finden, und in das unwägbare Rostock, weit entlegen im neuen Niemandsland, mit undurchdringlichen Verkehrsnetzen und einem Geheimcode der Alltagsbewältigung, der noch überhaupt nicht zu begreifen war, wagten sich auf abenteuerlichen Wegen Abertausende von Frankfurtern.

Hätte Frankfurt gewonnen, wären sie Meister geworden. Doch sie verloren in Rostock, beim Absteiger – und Frankfurt hatte überhaupt bislang nur dreimal in der gesamten Saison verloren! Dabei nutzte Rostock der Sieg im Abstiegskampf überhaupt nichts mehr, weil Wattenscheid auch gewann. Und im Duisburger Wedaustadion stimmten die Borussenfans zehn Minuten vor Schluß schon feierlich den Borussen-Choral an. Von 15.39 Uhr bis 17.11 Uhr, vier Minuten vor Abpfiff der Saison, war nämlich Dortmund Deutscher Meister. Doch in Leverkusen köpfte Guido Buchwald in der 86. Minute das entscheidende Tor.

Es half alles nichts. Dortmunds Michael Schulz sagte: „Mit solchen Fans bin ich lieber mit dem BVB Vizemeister als mit dem VfB Meister.“ Und den Frankfurter Ralf Weber ergriff der heilige Wahnsinn: Zum einen hatte Edgar Schmitt vier Minuten vor Schluß an den Pfosten geköpft, was das Siegtor gewesen wäre, und zum anderen hatte Schiedsrichter Alfons Berg aus Konz bei Trier einen eindeutigen Elfmeter, der an Ralf Weber verschuldet worden war, nicht gegeben. Da war Weber in ohnmächtiger Wut auf den Schiedsrichter losgestürmt, die Mannschaftskollegen konnten ihn nur mühsam festhalten, Weber riß sich wieder los, wurde wieder festgezurrt, und nach dem Schlußpfiff wiederholte sich das: „Ich hätte ihn notfalls k.o. geschlagen", sagte Manfred Binz nachher. Weber trat noch eine Fernsehkamera zu Bruch, dann versank er in einen Weinkrampf. Und eine Stunde später gab er zu Protokoll: „Für das, was ich vorhatte, wird man lebenslang gesperrt".

Daß Frankfurt nicht Meister werden konnte, obwohl sie die Saison klar dominiert hatten, das wußten die Eingeweihten. Das Anknüpfen an den großen deutschen Fußball-Aufbruch Anfang der siebziger Jahre konnte einfach nicht wahr sein: Tore, wie man sie noch nie gesehen hatte, Kombinationen, daß einem das Blut erstarrte. Eintracht Frankfurt war immer eine Mannschaft gewesen, bei der sich ungeahnte Galavorstellungen mit deprimierendster Uninspiriertheit abwechselten: Gegen die grauen Mäuse verloren sie, gegen die Favoriten glänzten sie. Und zwar weniger durch Kampf als durch Technik. Schon 1975, 1976 und 1977 hatte die Eintracht jeweils die meisten Tore geschossen, doch sie wurde Dritter, Neunter und Vierter. Keine Mannschaft, außer Borussia Mönchengladbach in ihrer Glanzzeit, konnte solches Entzücken hervorrufen. Doch Beständigkeit, Verläßlichkeit gab es bei der Eintracht nie. Deshalb ist Frankfurt eine typische Pokalmannschaft: 1981 und 1988 wurden sie immerhin Deutscher Pokalsieger, 1980 holten sie gar den Uefa-Cup.

Der neue Trainer Dragoslav Stepanovic paßte dann 1991 zur Eintracht wie die Faust aufs Auge: Ihr Höhenflug ist nur aus dieser fragilen Einheit zwischen Trainer und Verein zu erklären. Stepi ergänzte das Bild, das Eintracht Frankfurt immer abgab, aufs Trefflichste: Der Mann mit dem Zigarillo, der Sonnenbrille und dem Nadelstreifenanzug vermittelte immer etwas von Lebemann, von Halbwelt. Als er Trainer in der Oberliga beim FSV Frankfurt war und das entscheidende Spiel um den Aufstieg in die Zweite Liga in Baunatal nur 1:1 geendet hatte, ging Stepi gleich in den Bus, während die Mannschaft noch duschte, und sagte: „Abfahren!" Zögernd wurde ihm von den Verantwortlichen entgegengehalten: „Aber die Mannschaft ..." Stepi: „Solle laufe." Zwei Tage später war er entlassen.

Dieses emotionale Flair sollte man nicht unterschätzen, es steht in der erfolgreichen Eintracht-Tradition. Als Stepi dann nach Trier in den Südwesten ging, hatte man sieben Punkte Abstand zum Tabellenführer. Zweieinhalb Monate später war es nur noch einer. Dann rief ihn die Eintracht an. Hier konnte Stepi seiner künstlerischen Ader freien Lauf lassen: Schon als Jugendlicher hatte er im Belgrad der Nachkriegszeit seiner Mutter, die in der Mensa für tausend Studenten kochte, das schmutzige Geschirr in die Küche getragen, um sich so freien Eintritt zu den Tanzveranstaltungen zu verschaffen, die samstags dort stattfanden. Da „ließ ich mir die Töne reinhämmern, bis der Kopf weh tat". Und als Eintracht-Trainer nahm er sogleich eine CD mit der Frankfurter Band ‚Straßenjungs' auf, auf der er sang: „Wer feiert Feste und wer lacht am besten? Der, der zuletzt lacht – Eintracht!"

Etwas Künstlerisches haftete dieser Mannschaft immer schon an, etwas Individualistisch-Verspieltes. Kein Wunder, daß nach dem Ende des 68er-Taumels eine „Neue Frankfurter Schule" den Fußball entdeckte und sich auf die Eintracht stürzte. Eine eigenartige Gestimmtheit entwickelte sich da, von der politischen Aktivität hinein in die Absonderlichkeiten der Kneipe und des verrückten Alltags; die Soziologie näherte sich dem kleinen Mann, und einer wie Eckhard Henscheid beschwor Bundestrainer Helmut Schön in seinem ersten Roman ‚Die Vollidioten', doch den Frankfurter „Raumaufteiler" Hölzenbein in die Nationalmannschaft zu tun: „Aber die Genialität von Hölzenbeins oft – im Gegensatz zu Netzer – unauffälligen, heimlichen Spielzügen und Finten, seiner den Gegner gleichsam lächerlich machenden Pässe in den freien Raum und nicht zuletzt sein Torinstinkt sollten genügen, dem Bundestrainer endlich die Scheuklappen zu nehmen und seinem Herzen einen Stoß zu geben und dem Frankfurter die Bahn frei zu machen für internationale Aufgaben".

Die Schnörkelhaftigkeit dieses Stils, dieses Sich-Abarbeiten an den Oberseminaren von Adorno oder Horkheimer, das seine Schlacken selbst in solch niederen Textsorten hinterläßt – das alles legte sich auch über das Eintracht-Spiel. Henscheid, aufgeweckt durch seinen eigenartigen Erfolg, wissend, daß er den Nerv einer ganzen, zwischen Intellektualität und Kneipe schwankenden Generation getroffen hatte, setzte anschließend noch eins drauf: Seine ‚Hymne an Bum Kun Cha' war die Inkarnation des Paradigmenwechsels von der Politik zur Ästhetik:

> Bum Kun Cha! Freund aus dem Osten! Fremdling bist
> Du nicht länger – nicht bitt'res Los ist Exil
> Dir! Heimat, die zweite, du fandst sie.
> Wunderbar ist die Gunst denn des Gottes des
> Fußballs (...)

Ror Wolf, der unbestritten als erster den Fußball in den Rang einer Kunstform gebracht hat, tat dies ebenfalls als Eintracht-Fan. Frankfurt, die Stadt der Frankfurter Schule, neben Westberlin, das fußballerisch aus betriebstechnischen Gründen ausscheidet, die Stadt des am höchsten auflodernden 68er-Geistes, war der Nährboden dafür, daß die Eintracht die Mannschaft der 68er und Adornojünger wurde. Selbst der die Saison 91/92 abschließende Essay, den der Sportteil der Frankfurter Rundschau dem Scheitern der Eintracht widmete, kam nicht unhin, der Sprache der kritischen Theorie Tribut zu zollen. Die Überschrift lautete: ‚Die phänomenale Kontinuität des Unwägbaren. Für den schnöden Alltag ist die Frankfurter Eintracht nicht gemacht'. Dieter Hochgesand blickt hier zurück und stellt frappierende Parallelen in der Mentalität aller großen Eintracht-Mannschaften fest: Ob die Lindner, Solz, Landerer, Pfaff und Sztani, dann die Grabowski, Nickel, Hölzenbein, Pezzey der siebziger Jahre und jetzt die Bein, Möller oder Binz – „ganz sicher fühlten sich bestimmte Spielertypen zur Frankfurter Eintracht hingezogen". Spieler, die eben für die Galerie spielen, Individualisten, die mit dem deutschen Mannschaftsgeist nichts zu tun hatten und sich immer untereinander bekriegten – so, wie es die Universitäts- und Politszene vorgemacht hatte. „Die Fragilität des Eintracht-Spiels war immer spürbar", lautet Hochgesands Resümee, „der ‚plötzliche Tod des Clowns' nie auszuschließen. Alles war möglich – nur Verläßlichkeit, Konstanz – das gab es nie".

Eintracht Frankfurt – eine wundersam glitzernde Perle, die im unerwarteten Wellengang der deutschen Geschichte nach 1989 an den Strand gespült wurde. Borussia Dortmund – das Wiederaufleben des Solidaritätsgefühls. Doch Stuttgart hat gezeigt, daß der deutsche Fußball eine schreckliche Kontinuität hat. Bayern München setzte sich nach vorübergehender Irritation sofort wieder an die Spitze, als sei nichts gewesen, und machte den einstigen Widerpart Werder Bremen zum gesichtslosen Zwillingsbruder. Das Establishment ist zäh. Und es übersteht im Spätkapitalismus Barrikadenkämpfe und Paradigmenwechsel immer flexibler und anpassungsfähiger. Der Fußball ist dazu bestimmt, immer wieder vergeblich anzurennen.

5. Kapitalismus im Schnelldurchlauf. Aufstieg und Fall des FC Hansa Rostock

Daß es in der Saison 91/92 plötzlich zwanzig Mannschaften gab, weil zwei aus dem Osten dazukommen sollten, nahm niemand sonderlich ernst. Hansa Rostock und Dynamo Dresden: Da würde man bald sehen, wer der Sieger der Geschichte war. Hansa Rostock, Meister der „Oberliga Nordost", wie die Nationalliga der DDR kurzerhand umgetauft worden war, hatte am ersten Spieltag ein Heimspiel, das billigte man den Ossis ohne weiteres zu. Und daß der 1. FC Nürnberg kam, war nicht weiter wichtig.

Selbst, nachdem die Nürnberger mit 4:0 nach Hause geschickt worden waren, zuckten die Kenner eher noch mit den Achseln. Den Nürnbergern ist alles zuzutrauen, sogar gegen den Osten halten sie die Fahne nicht aufrecht. Zumal Willi Entenmann als Trainer verpflichtet worden war, ein Schwabe, der erst mal ordentlich malochen ließ, aber dann alles sinn- und hirnlos verpuffen. Seien wir ehrlich: Daß Nürnberg in Rostock verlieren würde, damit hatten wir insgeheim sogar gerechnet. Immerhin übte sich aber das ‚Aktuelle Sport-Studio' des ZDF

Abb. 9. Ein Fan von Hansa Rostock: die Erotik von Hammer und Zirkel
(©: Horst Müller, Düsseldorf)

schon nach dem ersten Spieltag mit einer Direktschaltung in unbekannte Stadiongefilde; man testete die Standfestigkeit der Übertragungswege und die Funktionsfähigkeit der elektrischen Kabel, gönnerhaft wurde Hansa Rostock als „erster Tabellenführer der Bundesliga" bezeichnet, mit dem Augenzwinkern, das ein Bonmot andeuten soll, in der Art wie: „Was es nach nur einem Spieltag so alles gibt". Der zweifache Torschütze Florian Weichert durfte wortkarg in die Kamera blicken. Kurz danach pokerte er um Gewinnprämien.

Am nächsten Samstag wurde es ernst. Da wurde es klar, daß das 4:0 gegen Nürnberg nur ein erster Warnschuß vor den Bug war. Die Mannschaft von der Ostseeküste mußte beim FC Bayern München antreten, das Hochgezüchtetste, was der Westen in puncto Fußball schon immer aufbieten konnte, ein High-Tech-Gebilde mit Nur-die-Bilanz-zählt-Bewußtsein. Spätestens da würden dem Ostmeister die Grenzen aufgezeigt werden. Bayern ging deswegen auch mit 1:0 in Führung, die bestallten Fußballauguren an den Mikrofonen und Nachrichtentickern versehen so etwas immer mit dem Wort „standesgemäß".

Dann geschah es. Heidegger hat es immer als „das Andere" bezeichnet. Etwas jenseits der Vorstellungskraft. Das, wo sich die Parallelen letztlich schneiden. Plötzlich wirkten einfache Eigenschaften wie Kampfgeist, Unverbrauchtheit, Beherztheit ungeheuer innovativ. 1:1, und nach einer den Raum öffnenden Vorlage von Spies der eiskalte Heber von Jens Wahl zum 2:1, sauber herausgespielt, ohne viel Drumrum. Dies war der Schock, der Bayern München in dieser Saison in ein bis dato völlig unvorstellbares Chaos versetzte. Die Heimniederlage gegen den Ostmeister war kein gewöhnlicher Ausrutscher, es war ein Fanal. Da wurde eine neue Epoche eingeläutet. Die alten Götter traten ab.

Mit diesem 2:1 waren Pflöcke eingeschlagen. Jens Wahl wurde nicht einfach bloß auf einem Monitor eingeblendet, nein, er mußte direkt ins ‚Sportstudio'. „Hansa Rostock" konnte bereits buchstabiert werden. Jens Wahl saß da und schaute. Wie exakt hatte er den Heber ins Tor der Bayern plaziert! Wie abgebrüht war er in die Flanke gelaufen und hatte den Torhüter versetzt! Jetzt saß er da.

Sicher, Karl Senne ist ein Interviewer, der einem einiges abverlangen kann. Kaum einer weiß auf seine Fragen eine Antwort. Die Bundesligaprofis allerdings haben es mittlerweile gelernt, in sämtlichen Situationen vorgefertigte Satzbestandteile abzusondern, selbst Lothar Matthäus hat in jahrelangem Training von seinem im Magen gebildeten mittelfränkischen „L" Abstand nehmen können und sagt nun, ohne mit den Wimpern zu zucken, Wörter wie „mental" oder „Linienrichter". Frisch gefönt sitzen sie vor den Kameras.

Jens Wahl saß in einer Art Konfirmandenanzug und schwitzte. Die Krawatte drückte ihn. Die ungewohnt enge Jacke zwackte ihn. Die Fragen Karl Sennes, uneigentlich in sich schwingende Ellipsen, peinigten ihn. Und auf die fast verzweifelt hervorgebrachte Frage, ob er denn einen Manager habe, sagte er: „Das mach ich alles selber".

Das machte den Überraschungseffekt Hansa Rostocks aus. Ihre Spieler waren nicht mediengerecht. Sie brachten eine völlig unbekannte Farbe in das graue Spektrum der Bundesliga, wo alles schon längst austariert war und sich die Gegenspieler schon von etlichen Videoaufzeichnungen her auswendig kannten. Die Rostocker verhielten sich in der Bundesliga so wie Kamerun bei der Fußball-Weltmeisterschaft: Sie brachten die etablierten Strukturen durcheinander. Aber sie änderten sie nicht. Das Endspiel blieb ihnen versagt.

Rostock galt als eine „rote Stadt". In Rostock bestand eine Zeitlang der einzige Lehrstuhl für wissenschaftlichen Atheismus – irgendwann in den sechziger Jahren sah man die Sinnlosigkeit dieses Unterfangens ein. In Rostock gibt es eine zentrale Kirche, die zu einem Wohnhaus umgebaut wurde, sowie das berühmte „Fünfgiebelhaus", ein Gipfelwerk realsozialistischer Architektur. Unten am Hafen pfeift der Wind durch die breit geschlagenen Schluchten, fegt durch die platten Neubauten, die dem mecklenburgischen Backsteinstil nachempfunden sein wollen, und er pfeift auch durch die zerfallenen Häuserreihen, durch die man gar nicht mehr gehen darf und durch Absperrungen vor den herunterfallenden Steinen geschützt ist. Versteckt am Rande ducken sich obskure gastronomische Einrichtungen, in denen das berüchtigte Rostocker „Hafenbräu" ausgeschenkt wird – das anerkannt schlechteste Bier der DDR.

Dies schaffte Voraussetzungen. Fußball spielte in der DDR eigentlich nie eine große Rolle. Schon von Staats wegen nicht: Individuelle Leistungen waren leichter zu codieren als kollektive. Aber auch das Volk entzog sich gemeinhin. Erschreckend leer waren die Stadien, erschreckend leer war auch immer der Jahn-Sportpark, wo Dynamo Ostberlin spielte und stets gewann, weil ein Hütchenträger mit Sonnenbrille auf der Tribüne saß und darüber wachte, daß der Schiedsrichter ab und zu einen unberechtigten Elfmeter für den Stasiklub pfiff. Der wurde immer DDR-Meister, das Pendant zu Bayern München, wie ja Franz-Josef Strauß eh viele Gemeinsamkeiten mit dem Zucht- und Ordnungsdenken der DDR-Oberen hatte und auch deren Art von Vergnügungen teilte. Dynamo Ostberlin brachte den Fußball beim Volk in Mißkredit. So ist es erklärbar, daß ausgerechnet ein Verein wie Hansa Rostock eine Art Kumpelimage entwickelte.

Das Hafenbräu, der Wind, die karge, rauhe Maloche: Das sind Wurzeln für den Fußball. Die Atmosphäre bei den Heimspielen im Ostseestadion wurde sehr schnell mit der auf St. Pauli verglichen – hier sprang tatsächlich etwas über, eine ursprüngliche Identifikation der Fans mit ihren Spielern. Und im Unterschied zu den anderen volkstümlichen Ostvereinen – Union Berlin, das gegen den BFC Dynamo mobilisierte, und Dynamo Dresden, wo schon immer ein sächsischer Nationalismus Emotionen schürte – konnte Hansa Rostock sich zum offensiven Sympathieträger für den Osten entwickeln. In Rostock hielten die Fans Fahnen in Schwarz-Rot-Gold, aber die mit Hammer und Zirkel, hoch, so wie sie in St. Pauli die Totenkopfflaggen hissen – eine Ästhetik des Widerstands.

Kumpels waren sie alle, drinnen und draußen. Der Dienstantritt des Uwe Reinders, des westlichen Importtrainers, ist eine große Metapher und wird in den ewigen Schatz der Fußballmythen eingehen: Als er am ersten Tag auf dem Spielfeld auftauchte, stellten sich die Mannen nach alter Väter Sitte in Reih und Glied auf und riefen „Sport frei". Dieses enthusiasmierte Amateurwesen aus den fünfziger Jahren, wiewohl Reinders die offenen Erscheinungsformen sofort bekämpfte, bildete den Grundstock, auf dem man in ungeahnter Weise aufbauen konnte und einen Ostwall schuf: ein Wir-Gefühl, ein Wirtschaftswunder. Diese mentale Stärke fiel vor allem gegen den allzu satten FC Bayern ins Gewicht, den Prototyp des erfolgsgewohnten und sich nicht mehr hinterfragenden Wessis – diese Energie war von einer anderen Welt als die, die Bayern bis dato souverän in Zaum gehalten hatte.

Allein, es währte nicht lange. Drei Spieltage lang schwang die Hansa sich auf, 6:0 Punkte, als einzige Mannschaft. Dann begannen die Mühen der Ebene. Daß man in Stuttgart verlieren kann, ist normal – die Schwaben sind von einer zutiefst nüchternen Mentalität und steigern sich gelegentlich, auf sicherem Terrain und für überschaubare neunzig Minuten, in einen vor der Realität sicher abgeriegelten Rausch hinein, wie es beim Theater halt mal so ist – der Fall des FC Hansa Rostock begann erst in Köln. Im Pokalspiel bei der Fortuna, beim bis dahin sieglosen Schlußlicht der Zweiten Liga. Gegen die Großen hielt die Kraft, gegen die Schwachen glaubte man schon, nicht mehr kämpfen zu müssen. Im sicheren Gefühl des Sieges – 3:1 bis zur 88. Minute – verlor man sich. Die zwei schnellen Tore, die die Verlängerung erzwangen, zerschlugen den Panzer. Plötzlich fand Hansa sich in der Überheblichkeit Bayern Münchens wieder, ein Kapitalismus im Schnelldurchlauf. Was dann folgte, war ein Scherbengericht: 3:5 bei Fortuna Köln. Bei der Niederlage in Duisburg flog Jens Wahl wegen Unbeherrschtheit vom Platz – der mit dem Konfirmationsanzug. Und im heimischen Ostseestadion unterlag man gar gegen Durchschnittskicker wie die vom KSC. Der Absturz vom Spitzenreiter bis zum direkten Absteiger war programmiert.

Der Auftakt, mit dem die Underdogs alles überrannten bis hin zum phänomenalen 5:1 gegen den späteren Vier-Minuten-zu-früh-Meister Borussia Dortmund, hatte vorübergehend überdeckt, daß der Ost-West-Widerspruch bereits als Stachel ins Hansa-Fleisch eingedrungen war. Es gab den Präsidenten Gerd Kische, einen ehemaligen Rostocker Lokalmatador, der der bekannteste Rostocker in einer DDR-Auswahl gewesen war, und der konnte sich vom Provinzfürstentum nicht so ganz lösen, entfachte kleinkarierte Intrigen gegen den Westimport Reinders, dem er es neidete, plötzlich im Mittelpunkt zu stehen – die rigiden professionellen Trainingsmethoden des Wessis paßten dem Hausherrn nicht, der auch gern mit seinen Schäfchen zusammensaß und mitreden wollte, und schon während des 5:1 gegen Dortmund, als Rostock sich mit jenen legendären 6:0 Punkten an der Tabellenspitze festsetzte, sägte Kische an Reinders' Stuhl. „Ich hasse diesen Reinders", soll Kische nach Auskunft der berühmten Ost-Postille ‚Super-Illu' mehrfach ge-

sagt haben. Letztlich schaffte er es, Reinders rauszuwerfen –
und nahm mehr oder weniger billigend in Kauf, daß Hansa
dann mit dem blassen Erich Rutemöller, der kein Volkstribun
wie Reinders war und Kische den Platz an der Sonne nicht
streitig machte, sogar abstieg.

Die mangelnde Professionalität, das Vereinsmeiertum konnte
den Mechanismen des entwickelten Kapitalismus nicht stand-
halten. Rostock wurde bitterer bestraft als Dynamo Dresden,
das den Part der Ossis eher unauffällig spielte und Goliath nie
reizte, immer brav gegen den Abstieg kämpfte und seine Rolle
annahm. Deswegen durften sie erstmal drinbleiben. Dresden
war berechenbarer als Rostock, lange nicht so genialisch und so
gefährlich. Die Schwierigkeiten mit den neuen Strukturen und
die Defensive, das stand bei Dresden von Anfang an fest. Wie
sagte doch Spielmacher Hans-Uwe Pilz: „Es nervt, daß man
ständig überprüfen muß, ob die Lohnabrechnung stimmt." Die
Vereinsführung laviert provinziell herum und kann die westlichen Potentaten nicht ernsthaft bedrohen; die verstockte Ost-
Mentalität – Gemeinschaftsgefühl gegen kaltes Profitum, „ich
spiele auch für Sachsen" (Torwart René Müller) – hat gegen die
repressive Toleranz des avancierten Kapitalismus keine Chance.
Am Anfang schmiß der Operetten-Präsident Ziegenbalg den
Trainer Reinhart Häfner raus, obwohl er den Aufstieg in die
erste Liga geschafft hatte: „Wir brauchen einen erfahrenen
West-Mann". Dann, nach einem Jahr, erkannte Ziegenbalg:
„Die Stimmung ist umgeschlagen, man will eigene Leute am
Ruder sehen" – und stellte Häfner als Manager wieder ein.
Danach überschlugen sich die Ereignisse.

Man wird die neuen Formen lernen müssen. Und das ist viel
langwieriger, als es in der ersten Euphorie bei Hansa den An-
schein hatte. Die Piraterie, einsam und auf eigene Faust, konnte
nicht lange gutgehen. Zu geschickt sind die Netze der Altvorderen gespannt, zu etabliert sind die Gesetze der Fußball-Bundesliga. Das allzu Genialische kann sich nicht halten angesichts der
lähmenden Durchschnittlichkeit des Fußvolks, das allzu Hoch-
fliegende, die Vogelperspektive wird bestraft. Und am Beispiel
Dresdens zeigt es sich von der anderen Seite, aus der Froschper-

spektive, wie mühsam es ist, die Gesetze der Durchschnittlichkeit zu erlernen.

Man wird sich frisch geföhnt vor die Kameras setzen müssen. Man wird die üblichen Nullsätze wie selbstverständlich auswendig lernen und aufsagen müssen. Die Theaterdonnerrangeleien wie zwischen Reinders und Kische oder die zwischen Ziegenbalg und seinem Verein werden managerhaft intriganten Schachzügen weichen müssen, das Geschehen wird sich vom Kabinengang in die Klubsessel der VIP-Räume verlagern müssen. Dann werden sie bundesligatauglich sein.

III. Vereine als in sich geschlossene Sinneinheiten

1. Die Magie der Toto-Lotto-Annahmestellen.
Nürnberg – Psychogramm einer Fußballmetropole

In Nürnberg, da wallen ganz andere Gemüter, in Nürnberg, da werden beim Fußball noch ganz andere Emotionen wach. Wer einmal auf der Nürnberger Tribüne saß, einmal nach dem Spiel die Nürnberger Pressekonferenz erlebt hat, der ahnt, was das heißt: Da stehen sie, unverkennbar fränkische Gestalten in ihrer bodenständigen Vehemenz, gestikulieren und reden aufeinander ein, und um den Trainer bilden sie dabei am liebsten ihren flirrenden Halbkreis.

In Nürnberg ist der „Club" der Gradmesser der Gefühle. Der Club, das ist wie ein Mensch, mit dem man redet: „Der Depp, jetzt hat er wieder verloren!" Nürnberg ist eine proletarisch geprägte Stadt, viel Industrie und wenig kokette Kulturbetriebsamkeit. Außer ein paar Lebkuchen- und Bratwurstfabriken gibt es nicht viel vom Glitter dekadenter Welten. In Nürnberg hat man noch kein Verständnis für die Faszination der Champagner- und Kaviarsportarten. Hier ergeht sich noch kein Schickeriavolk in Tennis-Lounges und am Rande irgendeines anderen Show-Bizz, hier gibt es halt den „Club" – und dieses riesige, mal weit ausladend hingestreckte, mal hügelig auf- und absteigende Hinterland mit den kargen Böden und den schütteren Wäldern, eine dünnbesiedelte Gegend, in der sich die Gewitter drohender zusammenballen als in leichter zu verwechselnder Landschaft. Das ist der beste Nährboden für Intrigen. Wer den „Club" hat, hat die Macht.

Seit der Einführung der Bundesliga ist es mit dem Traditionsverein fast nur noch bergab gegangen. Instinktiv waren die Vereinsoberen des 1. FC Nürnberg 1963 gegen den Profifußball,

Abb. 10. Fußball als existenzielle Erfahrung: Horst Leupold und Luggi Müller, am 7. Juni 1969 in Köln – der „Club" ist abgestiegen. (©: Horst Müller, Düsseldorf)

gegen die neuen Tendenzen, die das Liebgewordene hinwegfegen würden. Der „Club" war zu groß für straffes Management, er war wie ein Familienunternehmen – da reden immer viele mit hinein, und er ist ein Parcours für Eitelkeiten und Profilneurosen. In einer seltsamen Mischung aus allzu plattem Pragmatismus und dubiosem Herumlavieren verpaßt man immer wieder den Anschluß.

Der Meistertitel im Jahr 1968 war dabei durchaus janusköpfig, ja, er war geradezu ein Katalysator für den Niedergang. Trainer Max Merkel hatte die abstiegsgefährdete Mannschaft übernommen und riß sie „mit Zuckerbrot und Peitsche" in einen einmaligen Parforceritt hinein. Mit den althergebrachten Mitteln, die ekstatisch in die neue Zeit herüberragten, wurde noch einmal das Letzte aus den Ressourcen in Nürnberg herausgeholt, und als der „Club" den Meistertitel in der Tasche hatte, brach urplötzlich der Mief des Neureichen durch: Franz Brungs, das Goldköpfchen, und die feste Bank in der Abwehr, Karl-Heinz Ferschl, wurden mit einigen anderen Meisterspielern – scheinbar gewinnbringend – verkauft und abgehalfterte Zockerprofis dafür verpflichtet. Merkel „zerriß die Mannschaft", wie der treue Recke Horst Leupold aus der 68er-Elf heute zurückblickend feststellt, „und er zerpflückte auch noch die Gebliebenen": Er habe „die Spieler fertiggemacht bei jeder Gelegenheit". Und dazu sei noch die „Vereinspolitik" gekommen: Es sei einfach „undenkbar, was die Führungen getrieben haben, und das hat sich durchgezogen bis heute. Die waren einfach nicht fähig." Der Club stieg nach dem Meistertitel sofort ab, das ist einmalig in der Geschichte der Bundesliga.

Horst Leupold ist verbittert. Aber wenn man, wie er, ein „Clubberer" ist, dann ist man das mit Haut und Haaren. So deutlich, wie er über die letzten Jahre der Vereinsgeschichte spricht, so zuverlässig geht er zu jedem Heimspiel des Club. Das ist der klassische Nürnberger Doublebind. Leupold hat von frühester Jugend an immer nur für den 1. FC Nürnberg gespielt, und er war einer der besten Abwehrspieler seiner Zeit. Und auch nach dem Abstieg hat er sich noch ein paar Jahre mit dem Club herumgequält – nach den bitteren Tränen, die er mit den anderen hartgesottenen Club-Recken nach dem letzten Spiel der Abstiegssaison in Köln vergoß. „Das war bestimmt kein männliches Bild. Aber es hat einfach überwältigt. Wenn man ein Clubberer ist ...".

Die Jahre von 1969 bis 1978 in der Regionalliga Süd waren grausam. Präsidenten wie der Teppichhändler Michael Roth machten mehr durch ihr schillerndes Charakterbild von sich reden als durch sportliche Erfolge, und als der Immobilienmakler Gerd Schmelzer 1984 den Club übernahm, stand er vor einem Scherbenhaufen. Keine Bank mehr wollte geradestehen, zu marode sah das alles aus mit einem vor sich hin verfallenden Vereinsgelände, in das man jedes Jahr mindestens eine halbe Million hineinstecken mußte. Schmelzer mußte bis nach Wunsiedel fahren, da wo Jean Paul geboren ist und das sagenumwobene Club-Hinterland schon fast über die Zonengrenze hinüberschwappt, um von der dortigen Sparkasse einen Kredit aufzutreiben.

Die Ära Schmelzer hatte etwas äußerst Zwiespältiges. Sie war geprägt von fulminanten Aufstieg einer jungen Clubmannschaft. Nachdem eine Riege zusammengekaufter Altprofis aus der ersten Liga abgestiegen war, schaffte Trainer Heinz Höher nach dem Rausschmiß einiger Alter, die eine Palastrevolution anzetteln wollten, sofort den Wiederaufstieg. Nie hatte der Club während der Saison 84/85 in der zweiten Liga an der Tabellenspitze gestanden, nur nach dem allerletzten Spieltag, durch den Sieg gegen Hessen Kassel – unvergessen die letzten Meter des Thomas Brunner, wie er zum entscheidenden 2:0 auf das Tor zurannte und den Ball wie eine Erlösung hineindonnerte. In der ersten Liga schafften die noch namenlosen Grünschnäbel dann sogar einen Uefa-Cup-Platz.

Die Ära Schmelzer zeichnete sich aber auch durch den Ausbau des Frankenstadions aus, außerdem wurde das moderne Sportzentrum am Valznerweiher gebaut, mit Clubbad und Sporthotel. Das wirkte erst einmal wie eine Konsolidierung – trotz aller Eklats um Spielerverkäufe (all die Jungstars, die zu Bayern gingen – Dorfner, Reuter, Grahammer, Schwabl –, aber auch Giske, Andersen, Eckstein): Jeder von ihnen hat eine eigene Geschichte, die immer in einen dichten Nebel aus Illustrierten-Gerüchten und mannhaften Beteuerungen gehüllt ist. Auch das rätselhafte Gehalt von Trainer, Manager und Exmanager Höher wirkte erst mal nicht verunsichernd – nur die Stadtzeitung ‚Plärrer' ließ ihn satirisch darüber klagen, daß er nun endlich Bares sehen wolle und nicht immer nur diese blöden Hotel-Anteilscheine. Trotz der Verbindungen zwischen Schmelzers Immobilienfirma Alpha und dem gewinnträchtigen Hotelbau auf dem Club-Gelände.

Daß Heinz Höher damals auch seinen finanziellen Anteil an den von den Fans wutschäumend angeprangerten Spielerverkäufen hatte, ist während einer der letzten Skandalspiralen in der Noris herausgekommen, Höher spricht von „Schmerzensgeld". Und es war eigenartig, welches Gezerre damals zwischen

Höher und seinem Nachfolger Hermann Gerland stattfand: Höher war zum Manager aufgestiegen und hatte seinen früheren Schützling Gerland aus Bochum geholt, aber schon nach einem Vierteljahr gegiftet: „Der Club ist für Gerland einfach drei Nummern zu groß!"

Irgendwie war ihm das alles nicht geheuer, dem Ruhrpottkumpel Gerland, der außer der Luft des Bochumer Ruhrstadions fast nichts kannte. Er sah sich plötzlich in einem undurchsichtigen Geflecht, die Presse nahm ihn unter Dauerbeschuß – und Präsident Schmelzer rückte von ihm ab. Hie Präsident Schmelzer, vornehm zurückhaltend, mit rahmenloser Brille und gepflegt gestutztem Bärtchen, die Worte bedächtig setzend, im Hintergrund das Wasserschlößchen an der Pegnitz mit der jungen asiatischen Ehefrau; da Gerland, im zerbeulten Trainingsanzug die Aschenbahn auf- und abstürmend. Gerland fand schließlich als Nachwuchstrainer bei Bayern München ein wunderbares Auskommen. Daß es nach seinem Wechsel aber noch zu einer Eskalation der Intrigen kommen könnte, ahnte selbst in Nürnberg niemand.

Arie Haan, der sich in Stuttgart mit dem dort gewaltigen Präsidenten Mayer-Vorfelder überworfen hatte, wollte in Nürnberg „alles von unten aufbauen" und ließ sich Rechte und ein Gehalt zusichern, das alles in den Schatten stellte, was es vorher beim Club gegeben hatte. Lebemann Haan verzauberte die Nürnberger, die den Duft der großen weiten Welt so nicht gewohnt waren, sogar die Presse hielt er in Zaum – und als die Niederlagenserie unermeßlich wurde, wendete sich das Blatt schließlich nicht gegen ihn, sondern gegen Präsident Schmelzer. Der wollte Haan endlich feuern, außerdem war ihm dessen Narzißmus immer mehr auf die Nerven gegangen, schließlich war *er* Präsident und nicht Haan, und als er von seinem Schweizer Urlaubsort Mürren am 6. Januar 1991 zurückkehrte und alles für die Entlassung Haans vorbereitet hatte – sein Spezi Höher sollte Interimstrainer werden –, sah er sich einem Präsidium gegenüber, das inzwischen mit Haan gemeinsame Sache gemacht hatte. Nach sieben Jahren war Schmelzers Amtszeit plötzlich vorbei.

Haan, der durchaus merkte, daß eine Goldkette und ein Bau-
erndirndl auf die Dauer nicht zusammenpassen, daß er sich
also, um sein Image zu wahren, vom Club doch so schnell wie
möglich absetzen sollte, sorgte – in Person seines alten Co-
Trainers beim VfB Stuttgart, Willi Entenmann – dafür, daß
nach ihm wieder ein Mann auf die Nürnberger Trainerbank
kam, der nichts mit Glamour und Demimonde, sondern mehr
mit Malochen und Handarbeit zu tun hatte. Dann machte sich
Haan aus dem Staub. Entenmann arbeitet mittlerweile brav,
und der Schuldenberg, den der 1. FC Nürnberg im Laufe der
Jahre angesammelt hat, dringt parallel dazu immer prekärer an
die Öffentlichkeit. Wir dürfen gespannt sein, wie lange der
DFB da noch mitmacht. Aber der Club – der ist aus dem deutschen Fußball, wie jeder DFB-Bürokrat auswendig sagen kann,
halt einfach nicht wegzudenken.

Am Valznerweiher befindet sich ein großes, bebautes Gelände. Tennisplätze sind da, ein Hallenbad, weiträumige Freizeit-
landschaften, dazwischen das Club-Bistro und das Scandic-
Crown-Hotel. Die Geschäftsstelle des 1. FC Nürnberg wirkt
ein bißchen wie daran angeklebt: Man muß die großzügige und
irgendwie leer wirkende Eingangspassage des Hotels passieren
und sich dann ganz links in der Ecke auf einer recht engen
Treppe in den ersten Stock machen. Manchmal, wenn man ihn
rechtzeitig zu Hause angerufen hat, ist dann der Archivar
Andreas Weiß da und versetzt sich in die großen Zeiten.

Das Archivzimmer, das man ihm hier einmal eingerichtet hatte, ist ihm gerade weggenommen worden; aus verschiedenen
Schränkchen, die an uneinsehbaren Orten in den Fluren stehen,
holt er sich die verstreuten Bände und gebundenen Vereinszei-
tungen zusammen, geordnet wie früher ist das alles nicht mehr.
Oben auf einem Schränkchen, in einer dieser engen Betonek-
ken, stehen ein paar Trophäen im Halbdunkel – Pokale recht
unterschiedlicher Art. Aber dazwischen, neben einer Gipsbüste
von Hans Kalb und Statuetten diverser Freundschaftsspiele,
steht plötzlich der große Pokal, den man Max Morlock in Barcelona, in völliger Verblüffung über den 2:0-Sieg des „Clubs"
gegen den spanischen Meister im Jahre 1952, überreicht hat.

Morlock wurde damals in Barcelona auf den Schultern begeisterter Katalanen mit diesem Pokal vom Platz getragen, so wie der Kapitän des englischen Cupsiegers alljährlich in Wembley.

Der Club, das sind vor allem Heiner Stuhlfauth, Dr. Hans Kalb und Max Morlock. Die goldenen zwanziger Jahre waren die Grundlage dafür, daß der 1. FC Nürnberg bis zu den imperialistischen Auswüchsen Bayern Münchens deutscher Rekordmeister war, und Heiner Stuhlfauth verkörperte sie. Im Jahre 1927 wurde er, der Wirt der Sebaldusklause, inmitten seiner Wörscht und Bocksbeutel, ans Telefon gerufen. Professor Glaser aus Freiburg, der Fußballtrainer der Weimarer Republik, hatte ein Problem: „Wir haben am Sonntag keinen Rechten Läufer gegen Norwegen. Was tun, Heiner?" Heiner Stuhlfauth, auf dem Höhepunkt seines Ruhms als Torwart, erwiderte einfach: „Keine Sorge, Professor, mir bringa unsern Emil Köpplinger mit, vom Club den." So kam Köpplinger, der natürlich auch Deutscher Meister war 1927, zu seinem einzigen Länderspiel.

Stuhlfauth mußte in den fünf gewonnenen Endspielen zwischen 1920 und 1927 kein einziges Mal hinter sich greifen – keiner kam durch bei ihm. Und das Schlimmste war, daß er auch die härtesten Elfmeter hielt – im Endspiel 1927 etwa gegen den Herthaner Domscheid oder 1929 im Länderspiel gegen Italiens Orsi in Turin, womit der 2:1-Sieg unter Dach und Fach war.

Hans Kalb, der „Dokter" (die Zahnmedizin war's), verkörperte den Typ des „Center-half", wie die Engländer das nannten – einen Mittelläufer, der Denker und Lenker des Spiels war, den gegnerischen Mittelstürmer hielt und gleichzeitig das eigene Offensivspiel ankurbelte; Kalbs laute Stimme war berühmt. Von 1920 bis 1928 gehörte er zur Nationalmannschaft. Und wie es sich für einen Zahnarzt gehört: Er neigte zur Wurzelbehandlung, zum Handfesten. Als es nach dem ersten Weltkrieg zu aufwendig wurde, die Trikots der Spieler nach jeder Partie zu waschen – die Nürnberger Stadtfarben, Rot-Weiß, erforderten zuviel Waschpulver – war es Hans Kalb, der angesichts dieser Sachlage die legendären Clubfarben Weinrot-Schwarz zusammenstellte. Und dann war da noch der zaundürre Verteidiger Luitpold Popp, den Kalb immer in Schutz nehmen mußte. Der konnte nämlich „unheimlich viel essen", so erzählt es der Club-Archivar Andreas Weiß. Als Luitpold Popp wieder einmal, beim Mittagessen vor einem Spiel, sich mit Wollust über einen enormen Kalbshaxen hermachte, wandte sich der Mannschaftsbetreuer Karl Müller an Dr. Hans Kalb: „Ist das denn gut, was der Popp da macht?" Kalb versetzte kennerisch: „Erst wenn dem sein Bauch spannt wie 'ne Trommel, dann ist der fit!"

Ein Nürnberger Urviech war Hans „Bumbes" Schmidt. Und das, obwohl er ausgerechnet aus Fürth stammt. Die fränkische Kirchweihmetropole vor den Toren Nürnbergs war schon immer dazu angetan, die grausamsten Rivalitäten anzustacheln – schlimm genug, daß die Fürther 1914 zum ersten Mal Deutscher Meister wurden, die Nürnberger erst 1920. Feinste Mentalitätsunterschiede wurden ausgemacht, etwa der, daß der Nürnberger Dialekt sich schon ein bißchen ins Oberpfälzische hinüberfärbe, während der der Fürther kompromißlosestes Mittelfränkisch sei. Bei einem Länderspiel in Holland wurde Deutschland durch eine rein Nürnberg/Fürther Mannschaft vertreten. In der Eisenbahn reisten die beiden verfeindeten Mannschaftsteile strikt in zwei Abteilen getrennt – was sie nicht daran hinderte, die Holländer dann gemeinsam mit 1:0 zu schlagen.

Bumbes Schmidt war einer, der das alles nicht ganz so eng sah. Mit den Nürnbergern verschmolz er ganz und gar, aber es zog ihn immer wieder zu neuen Ufern. Ein harter Hund, aber auch ein Weltenbummler: ein Ausscherer unter den Franken. Vielleicht trieb es ihn immer wieder woanders hin, weil er ursprünglich doch bloß aus Fürth war, eine Rastlosigkeit, während der er mit allen Fasern „Clubberer" blieb. Mit den Fürthern holte er einen Meistertitel im Jahre 1914, mit den Nürnbergern dann deren drei, in der legendären zwanziger-Jahre-Mannschaft, und in den Dreißigern wurde er der Trainer der epochemachenden Schalker. Mit denen, und er lachte donnernd, wenn er das später im Nürnberger ‚Café Vaterland' als skatklopfender Rentner mit der Virginia im Mundwinkel erzählte, besiegte er auch seinen „Club" in den Endspielen 1934 und 1937.

Er trainierte dann auch noch den VfR Mannheim – Deutscher Meister 1949! –, den Club natürlich, und auch die Dortmunder Borussen lernten ihn kennen. Aufs Altenteil setzte er sich in Fürth. Als er mit Fürth in einer der zyklisch wiederkehrenden Krisenzeiten des 1. FC Nürnberg denselben mit 7:2 vernichtete, sagte er: „Das Herz hat mir geblutet, wie die gespielt haben! Und ausgerechnet die Blödel aus Fürth gewinnen das!" „Bumbes" Schmidt hatte in Nürnberg solch einen Stein im Brett, daß der Nürnberger Bäckermeister Wild, der einen fußballbegabten Sohn namens Tasso hatte, diesen extra nach Fürth schickte, bloß weil er da in den Händen von Bumbes war; als Bumbes Schmidt in Fürth aufhörte, rief er den Jugendtrainer vom „Club" an, den heutigen Archivar Andreas Weiß, und sagte: „So, jetzt kannst' den Tasso holen!"

Der Nachfolger von Hans Kalb auf dem kniffligen Stopper-Posten wurde der beinharte Schorsch Kennemann, den vor allem die Stuttgarter fürchteten wie der Teufel das Weihwasser. Vom Ende der vierziger Jahre, als die Oberliga Süd sich immer deutlicher zu einem Duell 1. FC Nürnberg gegen VfB Stuttgart auswuchs, ist der verzweifelte Ausruf Stuttgarter Mütter angesichts unfolgsamer Söhne überliefert: „Paß auf, sonst sag ich's dem Kennemann!" Kennemann war es auch, der dem jungen Max Morlock den rechten Weg wies. Morlock stand als Sechzehneinhalbjähriger am 30. November 1941 zum ersten Mal in der ersten Mannschaft des 1. FC Nürnberg, und er spielte ausgezeichnet. Als er gegen Schwaben Augsburg dann zwei Tore schoß, ging Schorsch Kennemann zu den Journalisten, die den jungen Morlock noch nicht kannten, und gab einfach einen anderen Torschützen an – „damit der junge Bub nicht größenwahnsinnig wird ...".

Größenwahnsinnig ist Max Morlock wirklich nie geworden. Seine Bescheidenheit wurde in Nürnberg geradezu sprichwörtlich. Aber die Fakten sprechen eine deutliche Sprache: Vom ersten Einsatz in der B-Jugend 1938 (5:4 gegen Vorra in der Hersbrucker Schweiz) bis zum Abschiedsspiel 1964 (gegen

Nacional Montevideo in Nürnberg) hat Morlock ungefähr neunhundertmal das weinrote Trikot getragen und um die 750 Tore geschossen. Seit 1949 war er Kapitän des Clubs, und noch nach der Deutschen Meisterschaft 1961, die er als Sechsunddreißigjähriger inmitten lauter junger Spunde erstritt, brauchte man ihn immer noch für die erste Mannschaft – zwei Jahre lang im Europapokal, und in Notfällen holte man ihn sogar noch in Bundesligazeiten. Bis zum Schluß, so erzählt es fast ehrfurchtsvoll der auch nicht ganz unbeleckte Roland Wabra, machte Morlock die kräfteraubenden Konditionsübungen des Trainers Widmayer mit, auch wenn der zu ihm sagte: „Max, das haben Sie doch nicht mehr nötig!" Morlock wollte nicht herausgehoben werden, er wollte einer sein wie die anderen auch. Auch Horst Leupold erzählt, daß Morlock „eine Persönlichkeit" war, „wo man halt noch aufgeschaut hat. Ein feiner Kerl, der das nicht heraushängen hat lassen" – daß er etwa 1954 Weltmeister wurde, ein Beteiligter also war an der deutschen Fußballegende schlechthin.

Nürnberg ist eine traurige Stadt, wenn es regnet. Monoton ziehen sich die Fünfziger-Jahre-Bauten hin, die nach den Bombennächten schnell hochgezogen wurden: für ein praktisches Volk, das hier wohnt. Als die Bundesliga eingeführt wurde, verkaufte der 1. FC Nürnberg dann auch das alte Vereinsgelände, den „Zabo", der allgemein als die schönste deutsche Vereinsanlage galt. 1912 war er eröffnet worden, dreißigtausend Zuschauer faßte er. Die Stehplatzränge waren allerdings nicht so ausgebaut, wie man es heute gewohnt ist, „die Leute standen gepfercht wie die Heringe", erinnert sich Archivar Weiß. Und nachdem die alte Holztribüne abgebrannt war, baute man nach dem Krieg eine moderne aus Beton. An der Stelle, wo die glanzvollsten Kapitel des 1. FC Nürnberg geschrieben wurden, sind heute aber die funktionalen Ergebnisse einer Wohnungsbaugesellschaft zu besichtigen. Nur eine „Heiner Stuhlfauth-Straße" erinnert noch an das Vorleben dieses Stadtviertels. Eine Viertelstunde zu Fuß entfernt ist das neue Vereinsgelände am Valznerweiher, das man offiziell „Neuer Zabo" genannt hat. „Das sagt aber keiner dazu", berichtet Archivar Weiß, „die Leute sagen bloß Valznerweiher. Der Valznerweiher war halt immer schon ein Ausflugsziel …".

In Nürnberg ist man am liebsten unter sich. Es fällt schwer, als Nürnberger von Nürnberg wegzukommen, es fällt schwer, als Fremder hier anzukommen. Im ‚Komm‘, dem ersten soziokulturellen Zentrum Deutschlands, das der bekannte Kulturdezernent Hermann Glaser schuf, tummelt sich die Szene noch heute: Man hängt in den Gängen herum, staut sich bierflaschenhaltend in den Ecken, und aus dem Café und der Kneipe dringt die Punkmusik und die abgewetzte Lederjackenatmosphäre. Grell bunt ist es hier, aber auch karg und kompromißlos. Am Ende eines langen Gangs stößt man dann auf eine Sperrholztür, an der „Hinterzimmer" steht, man erwartet ein letztes, ein düsterstes Loch – ein handschriftlich geschriebenes Blatt ist fotokopiert an die Tür geklebt: „Speisekarte". Drin öffnet sich ein heller, großer Raum. Anständig sitzen die Punks und Rastaköpfigen an sauberen Tischen und essen Schweinebraten mit Klößen. Bestellen muß man an einer Theke, hinter der – fränkische Rentner stehen. Die kochen hier, im ‚Komm‘ – denn das ist ein soziokulturelles Zentrum. „Schweinebraten mit Klößen – wie heißt du? Ich ruf deinen Namen dann aus!" sagt der Grauhaarige hinter der Theke. Hier steht man an der Quelle des Nürnberger Gefühls.

Fährt man durch die Südstadt, ein auf den ersten Blick gesichtsloses Terrain mit verkehrsreichen Straßen und kleinen Seiteneinblicken, wird das Graue, Neblige am deutlichsten spürbar, wenn es Herbst oder Winter ist. Und in der Südstadt merkt man, daß Nürnberg die Hauptstadt der Toto-Lotto-Annahmestellen ist. Eine solche Dichte an Toto-Lotto-Annahmestellen gibt es sonst nirgends auf der Welt. Toto-Lotto: Das ist der Inbegriff des Risikos, des Abenteuers; Toto-Lotto ist die konsequenteste Fortsetzung des Fußballfiebers in den Alltag hinein. Und es ist nur logisch, daß in vielen dieser Toto-Lotto-Annahmestellen ein ehemaliger Spieler des 1. FC Nürnberg sitzt. Der verstorbene Nandl Wenauer hat eine gehabt, der Hilpert hat eine, der Stefan Reisch, der Franz Brungs, der damals die fünf Tore beim 7:3-Sieg gegen Bayern München am

2. Dezember 1967 geschossen hat, und auch der unermüdliche Spielantreiber Horst Leupold.

„Der Richard Albrecht ist der erste gewesen", erzählt Horst Leupold: „Der war Zigarettenvertreter, und das hat dann auch andere überzeugt: So ein Geschäft konnte auch die Frau mitführen, solange man noch Fußball gespielt hat, du warst nicht gebunden und konntest in der Freizeit gut dabei mitmachen". Vor kurzem feierte Leupold seine vierzigjährige Club-Mitgliedschaft. Er bekam eine Einladung zu einem Ehemaligen-Treffen, einen anonymen Computerausdruck, wie ihn jeder bekam, ohne daß man auf sein persönliches Jubiläum Bezug nahm. „Wir haben uns dann angerufen und gesagt: Wunderbar, da setzen wir uns wieder mal zusammen und reden ein bißchen. Aber es hat dann nur so einen Stehempfang mit Brezen gegeben, nirgends ein Platz, um sich hinzusetzen." Leupold zuckt mit den Achseln: „Der Club – das war halt der einzige Verein, wo du jemals gespielt hast als Profi …".

In der Südstadt, direkt an einer stark befahrenen Straße an der Rückseite des Hauptbahnhofs, hat auch Max Morlock seine Toto-Lotto-Annahmestelle. An den Wänden hängen Fotos aus der ruhmreichen Zeit: das Meisterschaftsbild aus dem Jahre 1961, als der Sechsunddreißigjährige das große Vorbild der ganzen jungen Spieler um ihn herum war, die gerade frisch der A-Jugend entschlüpft waren. Fast andächtig schauen sie der Reihe nach zu ihm herüber, der links am Rand steht und am Ende einer langen und großen Karriere noch einmal alles erreicht hat. Und an der Wand gegenüber, eingerahmt, aber in bescheidenem Format, sein Lieblingsbild, sein Lieblingstor: „Wir stießen nach dem 0:2 an", so beschreibt es Morlock in seinem Buch ‚13 – meine Glückzahl' aus dem Jahr 1961, „urplötzlich stand Rechtsaußen Rahn ungedeckt auf dem linken Flügel. Er bekam den Ball, dribbelte kurz und feuerte mit dem linken Fuß einen Schrägschuß auf das ungarische Tor ab. Ich glaube, daß es Zakarias war, der den Ball ein klein wenig abfälschte. In rasender Fahrt flitzte mir der Ball über den nassen Rasen entgegen. Noch einen Schritt, und ich hätte ihn nicht mehr erreicht. Mir blieb nichts übrig, als ein langes Bein zu machen und dem Ball entgegenzugleiten. Inzwischen hatte Torwart Grosics rasch die Gefahr erkannt und warf sich mir entgegen. Ich war den Bruchteil einer Sekunde eher am Ball und stieß ihn an Grosics vorbei in die schmale Lücke zwischen Grosics und dem Pfosten [...]": das berühmte Anschlußtor im Weltmeisterschafts-Endspiel 1954 gegen Ungarn. Das Tor, das die Wende brachte, die unglaubliche – daß es 2:0 für Ungarn gestanden hatte, war für alle das Normalste der Welt gewesen. Das lange Bein des Max Morlock, wie es sich dem Ball entgegenstreckt – eine Sekunde, die stehengeblieben ist, ein für allemal.

Die Bilder hängen in der Toto-Lotto-Annahmestelle fast wie Fremdkörper – Einbrüche der Geschichte im funktional eingerichteten, kahlen länglichen Raum, an dessen Ende hinter einer Glasscheibe die Tippzettel entgegengenommen werden. Sie halten Erinnerungen fest, über die Max Morlock nicht mehr gerne spricht. Mißtrauisch blickt er auf meinen Kassettenrecorder, mißtrauisch auf den Kugelschreiber: „Ich sag nichts!" Nie hat er seine Führungsrolle offensiv angestrebt, er füllte sie einfach automatisch aus: durch Fleiß, durch unermüdlichen Einsatz. Morlock hatte die tragende Rolle im Mittelfeld, er war der Spielmacher. Im „magischen Viereck" des WM-Systems stand er immer auf Halbrechts, „vom Sechzehner zum Sechzehner" war sein Aktionsradius, er war der Ideengeber – „ach nein", wehrt er ab, „da waren die anderen doch auch noch, der Schorsch Kennemann zum Beispiel, der Mittelläufer". Morlock möchte nicht im Mittelpunkt stehen: „Fragen Sie die Jungen. Fragen Sie die anderen".

Max Morlock hat für den Fußball gelebt, er ist ganz in ihm aufgegangen. Seine Vorbildfunktion lag darin, daß eben dies jeder instinktiv merkte, der mit ihm zu tun hatte. „Nur Nachteile hab ich gehabt durch den Fußball", sagt er heute, der Mann in der Toto-Lotto-Annahmestelle: „Da haben wir gegen Benfica Lissabon gespielt, das Stadion war völlig ausverkauft, die Einnahmen waren riesig – und hernach haben sie uns fünfzig Mark als Siegprämie gegeben!"

Ab und zu bricht es aus ihm heraus, ein originärer fränkischer Charakterzug – das Feuer, die Leidenschaft, die aber nicht unmittelbar zum Ausdruck kommt, sondern mehr verquer, immer mit dem Gestus des Abwinkens: „Ach, was soll ich von früher erzählen ...". Max Morlock, das ist der geborene Held für die Liebesgeschichte zwischen Nürnberg und dem Fußball.

2. Ein deutscher Kampf. Das Ruhrgebiet und die Mythenbildung im 20. Jahrhundert

Das Ruhrgebiet, in dem das Herz des deutschen Fußballs schlägt, habe ich zunächst ganz am Rand kennengelernt: bei einem trostlosen Zweitligaspiel von Rot-Weiß-Oberhausen, hart an der Grenze der Emscher-Zone, des Kerngebiets. Kollegen aus Stuttgart hatten mich, gegen Ende der achtziger Jahre, seltsamerweise dazu überreden können, zu diesem Auswärtsspiel der Stuttgarter Kickers an einem Mittwochabend mitzufahren – denn wenn die Kickers das gewinnen würden, wären bereits die nötigen Punkte für den Aufstieg in die Bundesliga unter Dach und Fach. Die Stuttgarter Kickers interessierten mich nicht so sehr, aber ins Ruhrgebiet war ich vorher nur gefahren, solange das Jazzfestival in Moers noch auf der Wiese stattfand und nicht in der Halle. Was es dort mit dem Fußball auf sich hatte, war mir nicht so ganz klar.

Es herrschte Depression in Oberhausen. Die Mannschaft war so gut wie abgestiegen, und kaum fünfhundert Leute verloren sich im Stadion am Niederrhein, das doch auch schon die Tage Lothar Kobluhns gesehen hatte. Ein grauer, nasser Frühlingstag, ständig blieb es November, die Schlote und das Kohlegefühl. Vor dem Stadion erstreckte sich eine unebene, trostlose Fläche, auf der wenige Bierbuden und Bratwurststände standen. Wie sich der matte Rauch von den Bratwurströsten in den grauen Oberhausener Abendhimmel räkelte, unerlöst, ist ein Bild, das ich nie vergessen werde – die Gesichter der treuesten Oberhausener Besucher, der befremdete Blick auf diese neumodischen Laptops, in die die euphorischen Stuttgarter Journalisten ihre Siegesmeldungen hineinhämmerten. So nah war mir der

Fußball selten gewesen. Und ich spürte, daß diese Verbindung von Fußball und Leben, die sich einem an diesem Oberhausener Abend körperlich mitteilte, sich unbewußt auch in einem ungeahnten Aufblühen der Stuttgarter Journalisten niederschlug: Als wir nachts um vier am Druckzentrum ankamen und gierig anschauen wollten, was wir geschrieben hatten, sah der Kollege die Schlagzeile auf Seite 1: „Bangemann geht nach Brüssel!" und sagte verdutzt: „Der stand doch gar nicht auf der Transferliste!"

In Oberhausen sieht es so aus wie in Gelsenkirchen, wie in Wanne, wie in Herne und in Duisburg. Die Revierlandschaft ist unverwechselbar. Arbeitersiedlungen, Schlote, Backstein. Und die berühmte Wiese bei den Zechenhäusern. Man rückt hier zusammen. Gelegentlich werfen sich ein paar Ältere verschwörerische Blicke zu und flunkern davon, wie einer ihrer Großväter noch in der Emscher geschwommen ist – sie tun das gewöhnlich an einem dieser Stehtresen, die ein Kommunikationsstandort sind, wie es sie in Deutschland sonst nicht mehr gibt. Meistens aber reden sie über Fußball, und das meinen sie ernst.

Fußball ist hier eine Religion. Noch heute ist in Schalke die Erregung spürbar, wenn das Gespräch auf die „Fußballmessen" des Jahres 1966 kommt – Schalke war aus der Bundesliga so gut wie abgestiegen gewesen, die meisten tragenden Spieler hatten den Verein verlassen, da wurde (wegen einer der vielen Skandale um Hertha BSC) die Bundesliga plötzlich auf 18 Vereine aufgestockt, und Schalke blieb drin. Mit einer jungen, unbekannten Mannschaft, die in der Regionalliga West behutsam aufgebaut werden sollte! Auswärts hagelte es empfindlichste Niederlagen, doch zu Hause, in der immer völlig überfüllten ‚Glückauf-Kampfbahn', waren die Heimspiele Aufforderungen zu Gebeten. Ulrich Homann schreibt: „Die Gesänge – ‚aber eins, aber eins, das bleibt bestehn, der FC Schalke wird nie untergehn' – verursachten nicht einfach nur Gänsehäute, die Leute, die da sangen, waren keine ‚Schlachtenbummler', ausgewiesen durch Fahne, Hut und Tröte. Es war auch kein bierseliges Gröhlen aus Freude oder Ärger. Mir fällt kein anderer Vergleich ein: Die Leute sangen wie in der Kirche. Ernsthaft, bemüht, den richtigen Ton zu treffen, ergriffen. Viele kamen direkt von der Schicht, manche hatten noch ihre Arbeitstaschen mit." Und als Manni Kreuz im entscheidenden Spiel am 15. Mai 1966 gegen Borussia Neunkirchen in der 85. Minute durch sein Tor den Klassenerhalt gesichert hatte, sangen sie bis zum Schlußpfiff das Vereinslied, das noch kilometerweit zu hören war. Klaus Fichtel, später ein abgebrühter Vollprofi und WM-Teilnehmer und damals als junger Frischling dabei, sagt auch jetzt noch, daß dieses Spiel gegen Neunkirchen das Größte gewesen sei, was er je in seiner Laufbahn erlebt hat.

Die magischen Punkte sind zusammengeschmolzen, aber zumindest Schalke und Dortmund bleiben. Der Dortmunder Borsigplatz und der Schalker Markt sind die Verdichtungen des Ruhrgebiets – Stadtlandschaften, die für Außenstehende wenig hermachen, keine Repräsentation und keine deutsche Geschichte. Aber so, wie man immer in der ‚Sportlerklause‘ des August Lenz, des ersten großen Dortmunder Fußballspielers, am Borsigplatz die Dinge des Lebens besprochen hat, tut man es bei ‚Bosch 04‘ in Schalke, dem Vereinslokal mit dem Wirt Gerd Bosch, ein paar Schritte von der alten ‚Glückauf-Kampfbahn‘ entfernt, die unter Denkmalschutz steht, eine Kathedrale ohne Dach. Ernst Kuzorra, die letzte große Legende der Schalker Großtaten von früher, ist bis zum Schluß hier gesessen, und seit er im Alter von 84 Jahren im Januar 1990 gestorben ist, hängt er in Öl an der Wand, rechts oberhalb der Tür zur Damentoilette. Doch so sehr sich Schalke und Dortmund ähneln – die Unterschiede könnten nicht größer sein.

a) Schalke 04, das mystische Dunkel

Wer sich heute die Abschlußtabelle der Oberliga West aus der Saison 1947/48 anschaut, reibt sich verwundert die Augen. Sie fängt so an:

1. Borussia Dortmund
2. Sportfreunde Katernberg
3. STV Horst-Emscher

Abb. 11. Charlie Neumann und seine Schergen oder: Auf Schalke wird mehr vom Bauch aus regiert. (©: Horst Müller, Düsseldorf)

4. Hamborn 07
5. Rot-Weiß Oberhausen
6. Schalke 04

Über den Ersten gehen wir einmal hinweg, und daß Schalke als Sechster auftaucht, mag ja noch angehen. Aber was, um alles in der Welt, verbirgt sich hinter Bezeichnungen wie ‚Katernberg‘ oder ‚Horst-Emscher‘? In einer Liga, in der man aus heutiger Sicht so etwas wie Fortuna Düsseldorf, VfL Bochum, 1. FC Köln, Bayer Leverkusen erwarten würde! Beim näheren Aktenstudium ist festzustellen, daß Katernberg ein Vorort von Essen ist, der direkt an Gelsenkirchen grenzt, und Horst ist wie Schalke ein Stadtteil von Gelsenkirchen. Rechnet man Duisburg-Hamborn und Oberhausen mit, erkennt man, daß sich fünf der sechs westdeutschen Spitzenvereine dieser Zeit in einem Raum von zwanzig Kilometern Länge ballen. Es ist der Kernraum des Reviers, das Emschergebiet, und es sind klassische Arbeitervororte, die hier an die erste Stelle rücken. Wir sind mittendrin in einer Zone, wo der Fußball einen Sinn hat.

Derlei Fußballmannschaften waren im Deutschen Fußball-Bund nicht vorgesehen. Der DFB ist von Anfang an eine bürgerliche Institution gewesen, und die ersten Deutschen Meister sind Mannschaften von Akademikern und Oberschülern – VfB Leipzig, Karlsruher FV oder Victoria Berlin waren Gründungen von meist Kaiser-Wilhelm-bärtigen Studenten, die ihre Freizeit instrumentalisierten. Der Ursprung von Schalke, von Katernberg, von Horst-Emscher liegt dagegen in Straßenmannschaften aus den Zechenkolonien. Solche „wilde Vereine" lehnte der DFB rigoros ab. Es sind Mannschaften, die ihre soziale Verwurzelung in proletarischen Stadtvierteln haben, in den Kohle- und Stahlrevieren der Ruhr. Dazu kommt, daß die Bewohner fast nur Zugereiste waren, Arbeitsimmigranten aus Polen und den deutschen Ostgebieten: Im Industrialisierungsprozeß des neunzehnten Jahrhunderts verwandelte Preußen seine westlichen Provinzen mit Hilfe des Menschenmaterials aus dem Osten in die Fieberzonen des Kapitalismus. Die ruhmreichsten Namen der Schalker Ära künden davon: Kuzorra, Szepan, Tibulski, Kalwitzki. Arbeit, Wohnen und Freizeit sind in den Reviersiedlungen so gut wie eins und gehen ineinander über – der absolute Gegenentwurf zum bürgerlichen „Verein". „Auf Zeche gehen" und „auf Schalke gehen" haben denselben Ursprung – den Selbstfindungsprozeß einer sozialen Gruppe, die ihr Zusammengehörigkeitsgefühl inmitten der Fremde schnell durch Fußball definieren lernte.

Rolf Lindner und Heinrich Th. Breuer haben in ihrem Buch ‚Sind doch nicht alles Beckenbauers – Zur Sozialgeschichte des Fußballs im Ruhrgebiet' versucht, diesem Phänomen näherzukommen. 1850 war Schalke noch ein unbedeutendes Dorf mit 400 Einwohnern, bis es sich in rasender Geschwindigkeit zum industriellen Zentrum und zur Zechenkolonie Gelsenkirchens entwickelte – durch die Schachtanlagen ‚Consolidation' (1863) und ‚Graf Bismarck' (1868) sowie das Stahlwerk ‚Grillo Funke'. Gelsenkirchen wurde zur Verteilerstelle der Arbeitsimmigranten; 1890 waren 81,8 Prozent der Einwohner Polen und Masuren. 1904 wurde der Verein ‚Schalke 04' gegründet, doch das ist nur durch mündliche Überlieferung bekannt, es existiert keine Gründungsurkunde und kein Protokoll – der Ursprung des legendären Vereins ist, wie es in späteren Festschriften heißt, in „mystisches Dunkel" gehüllt. Die Erklärung ist ganz einfach: Straßenjungs traten „wild" gegen den Ball, ohne Einbindung in die bürgerliche Vereinsordnung, und sie scherten sich auch nicht darum.

Es ergaben sich seltsame Verbindungen mit Turnvereinen, um einen Platz zu bekommen, und 1920 begann dann der furiose Aufstieg von der vierten Spielklasse bis in die höchste, unterbrochen durch Machenschaften des Westdeutschen Spiel-Verbandes, der plötzlich Auf- und Absteigen verbieten wollte – wegen Schalke. 1926 war Schalke dann in der höchsten Liga, doch noch 1925, als Schalke schon längst der führende Gelsenkirchener Fußballverein war, wurde er in einem Artikel ‚30 Jahre Gelsenkirchener Fußball' totgeschwiegen – in der veröffentlichten Geschichte gab es immer noch nur den Verein ‚Spiel und Sport Schalke 1896', den bürgerlichen Part.

1928 wurde Schalke Westdeutscher Meister, und das läutete den zweiten Teil der Geschichte ein: Die Stadt Gelsenkirchen begann, den Verein einzubinden. Auf ihr Geheiß hin wurde der Name in ‚FC Gelsenkirchen-Schalke' geändert, sie trat als Gläubiger für den Bau der ‚Glückauf-Kampfbahn', die 1928 eröffnet wurde, in Erscheinung, und die Werksführung von ‚Consolidation' erkannte, welche Funktion der Fußballverein für die Integration der Arbeiterschaft in das bestehende System haben konnte: Die Spieler Schalkes mußten nicht mehr unter Tage fahren, erhielten leichtere Arbeiten und gewisse Vergünstigungen. Auf der anderen Seite wurde dieser Erfolg Schalkes als „Sieg der Arbeiterklasse" gefeiert – Schalke hatte sich im bürgerlichen Sportbetrieb durchgesetzt und wurde dort zum Repräsentanten des Proletariats.

Schalke ist dadurch ein Musterfall deutscher Geschichte. Denn darin leuchtet bizarr das Dilemma der deutschen Arbeiterbewegung überhaupt auf. In den zwanziger Jahren war die Arbeitersportbewegung als Gegenentwurf zur bürgerlichen

Gesellschaft ziemlich erstarkt – es gab eigene Arbeiterfußball-
meisterschaften, deren Titelträger Leipzig-Stötteritz, Lorbeer
1906 Hamburg oder Nürnberg-Ost hießen. Warum die proletarischen Spitzenclubs wie Schalke 04 dennoch, trotz aller Intrigen und Benachteiligungen, ihr Heil im bürgerlichen Ligabe-
trieb suchten, danach fragt Dietrich Schulze-Marmeling in seinem Buch ‚Der gezähmte Fußball‘ – und wenn wir seinen Aus-
führungen folgen, blicken wir in einen Abgrund: Es ist eine
Eigentümlichkeit der deutschen Geschichte, eine recht pittores-
ke Erscheinungsform des deutschen Sonderweges, daß der
Deutsche Fußball-Bund, gegründet 1900, bürgerlich-akade-
misch geprägt war, daß andererseits die Organisationen der Arbeiterbewegung einer ihrer stärksten Waffen, dem Fußball
nämlich, lange Zeit absolut feindlich gegenüberstanden.

Das entspricht der Entwicklung, die der Fußball überhaupt in
Deutschland genommen hatte. Deutsch war Turnen. Deutsch
war der Turnvater Jahn. Turnen war sauber, war Körperertüch-
tigung und – Züchtigung, man lese nur Rilkes ‚Turnstunde‘ aus
dem Jahr 1914, um sich den prinzipiellen Unterschied zwischen
Turnen und Fußball vor Auge zu führen: Turnen als Brechen
des Willens, vor allem bei allzu Sensiblen. Fußball wurde als
„englische Krankheit“ angesehen, schon allein wegen der proletarischen Masse, die da zusammenkam. Immerhin gründete sich
aber 1900 der bürgerliche Deutsche Fußball-Bund abseits der
deutschnationalen ‚Deutschen Turnerschaft‘ und verstand sich
als unpolitisch, Fußball galt als ein studentisches Freizeitvergnügen, wie es heute Surfen oder Basketball ist.

Gegen die wilhelministische ‚Deutsche Turnerschaft‘ gründete sich auf Arbeiterseite 1893 zwangsläufig der Arbeiter-Turn-
bund. Der Gründung des DFB jedoch wurde auf offizieller
Arbeiterseite gar nicht geantwortet. Dies war typisch für die
Sozialdemokratie im Kaiserreich: Einer radikalen Phraseologie
stand eine Praxis gegenüber, die die Normen der Gesellschaft in
den „revolutionären“ Strukturen der Arbeiterbewegung weit-
gehend zu reproduzieren versuchte. Weil man zu den gesell-
schaftlich wichtigen Organisationen keinen Zutritt hatte, gründete man sie einfach noch einmal, für sich: Gesangvereine, Ka-

ninchenzüchtervereine, Turnvereine. Diese psychische Gleich-
gestimmtheit von Herrschaft und Opposition machte die Zu-
stimmung zu den Kriegskrediten 1914 erst möglich. Die Sozialdemokratie hatte nur oberflächlich andere Formen, „deutsch"
zu sein, als der preußische Militarismus – durch die spiegelbild-
liche Übernahme der gesellschaftlichen Normen in den eigenen
Organisationen fehlten die Möglichkeiten, eine bewußte Identität wirklich auszubilden, etwas Eigenes dagegenzusetzen. Dem
als bloßes Wortgeklingel stets phrasierten „proletarischen In-
ternationalismus" Hohn spricht die zutiefst deutschtümelnde
und spießige Ansicht des ‚Arbeiter-Turnbunds' zum Fußball,
die Schulze-Marmeling zitiert: „Wenn uns die Engländer darin
als Muster hingestellt werden, so sei darauf hingewiesen, daß
auch dort die Auswüchse des Sports und des Spielens sich in
krassester Weise breitgemacht haben, daß Rohheit und Rück-
sichtslosigkeit, die Grundzüge des englischen Nationalcharak-
ters nicht zum wenigsten durch die Übertreibungen und das
Aufdiespitzetreiben dieser Leibesübungen verschuldet und
großgezogen werden".

Der Verachtung des Fußballs, einer wirklich anderen, einer
proletarischen Kultur, entspricht die Verbürgerlichung der Sozialdemokratie in Deutschland. Dietrich Schulze-Marmeling
hat ganz recht: „Der Fußball war zumindest in seiner Anfangs-
phase ein subversives Element wider die Deutschtümelei, den
deutschen Militarismus und die deutsche Autoritätsfixiertheit."
Das fortschrittliche, subversive Potential des Fußballs als einer
Mannschaftssportart, in der sich einzelner und Gemeinschaft
dialektisch zueinander verhalten, konnte nicht in den Blick geraten, wenn man den „Antikapitalismus" derart deutsch-dog-
matisch sah – Fußball, so die Arbeitersportfunktionäre, fördere
durch seinen Wettkampfcharakter kompromißloses Konkur-
renzdenken und durch die Ausbildung von Stars kapitalisti-
schen Egoismus. Die Macht des Fußballs offensiv zu nutzen,
wie es der „wilde Verein" Schalke 04 deutlich demonstrierte, lag
außerhalb des Horizonts der Funktionäre. Als im Arbeitersport
Fußball als gleichberechtigt mit dem Turnen anerkannt wurde,
1921, gab es endlose Diskussionen darüber, ob man überhaupt

um Punkte spielen dürfe und ob man Spielernamen überhaupt nennen solle, die Spieler tauchten in der Berichterstattung immer nur anonym, in ihrer Funktion, auf: „Rechter Läufer, Linker Läufer" und so weiter. Doch Schalke wollte einfach bloß gewinnen.

Die große Zeit Schalkes fällt in die Zeit des Nazionalsozialismus. Die Rettung ins Unpolitische, die Integration der Arbeiterschaft in bürgerliche Strukturen bereitete den Aufstieg Schalkes im Hitlerreich vor – sechs der sieben Deutschen Meisterschaften Schalkes wurden zwischen 1935 und 1944 errungen. Es ist eine teuflische Ironie der Geschichte, daß die Fußballbewegung von unten – natürlich hatte man im Ruhrgebiet mit überwältigender Mehrheit Rot gewählt – in dieser Form staatlich kanalisiert wurde.

Nach 1945 spitzte sich die identitätsstiftende Wirkung der proletarischen Vorortvereine, der Zechenfußballer noch zu. Die ersten Abschlußtabellen der Oberliga West verdeutlichen das. In den frühen Nachkriegsjahren drohte Schalke vom STV Horst-Emscher eine ernstzunehmende Gefahr, doch die Strukturen eines bereits etablierten Vereins wie Schalke erwiesen sich auf die Dauer als stärker. Geradezu märchenhaft ist der Aufstieg des SV Sodingen, eines Stadtteils von Herne – er reproduzierte noch einmal den Schalker Aufstieg von 1920 bis 1926: 1948 war Sodingen eine beliebige Bezirksklassenmannschaft, 1952 stiegen sie in die Oberliga auf, und 1955 wurden sie gar Zweiter und nahmen an der Endrunde zur Deutschen Meisterschaft teil. 60 000 kamen zum Spiel gegen Kaiserslautern – das in der Schalker ‚Glückauf-Kampfbahn' ausgetragen werden mußte. Es muß einiges los gewesen sein im Publikum. Rolf Lindner und Heinrich Th. Breuer zitieren einen, der dabeigewesen ist: „Die haben dann einfach die großen Eisentore niedergerissen, Mauern eingerissen, alles. Und da ist ein Spiel ausgetragen worden, ich glaube, das war in Deutschland einmalig. Das hat Schalke selbst in der Glanzzeit nicht gehabt. Das Spiel hätte eigentlich gar nicht ausgeführt werden dürfen, weil die Zuschauer direkt bis an der Außenlinie saßen, Aschenbahn, hinterm Tor, alles voll".

Sodingen wurde Dritter in der Endrundengruppe, doch als sich in der Folge das System der festgelegten Vertragsspielergehälter aufweichte und unerlaubte Handgelder gezahlt wurden, wurde der Niedergang der Vorortvereine eingeleitet. Einen Vorgeschmack gab es bereits im sogenannten „100 000-Mark-Sturm", den der Münsteraner Baulöwe Jupp Oevermann zusammenkaufte und mit dem Preußen Münster 1951 bis ins Endspiel kam.

Doch Schalke war bereits ein Mythos, Schalke sog in der Folgezeit alle Späne drumherum wie ein Magnet an. Die Deutsche Meisterschaft 1958 war die Konsequenz. Aber die Entfesselungen des deutschen Fußballs kamen dem Revier auf Dauer nicht mehr zugute. Schalke blieb Schalke, Schalke konnte nicht, wie es das moderne Management befiehlt, auf neue Gegebenheiten flexibel reagieren. Auf Schalke blieb der Fußball etwas, was das bloße Spiel transzendierte, er definierte immer noch in weiten Teilen das, was über die bloße Existenz hinausreichte. Die Modernen, die Austauschbaren zogen an Schalke vorbei, zumal in der Fußball-Bundesliga. Denn die Einheit zwischen Fußball und Leben, die war am ehesten noch auf Schalke gegeben. Papst Johannes Paul II. ist Mitglied von Schalke und hielt im neuen Parkstadion eine Messe ab – auf Initiative des Bischofs Hengsbach, einem treuen Schalkegänger –, als aber der Prediger Bill Graham durch die Lande zog und auch auf den Gelsenkirchener Plakatwänden sein Motto stand: „An Jesus kommt keiner vorbei!", da schrieben die Schalker darunter: „Außer Stan Libuda".

Die Unübersichtlichkeiten des vergesellschafteten Fußballs hatten auf Schalke schon immer ihren Tribut gefordert. 1930 ertränkte sich der Kassier Willy Nier im Rhein-Herne-Kanal, weil der Verein vom Verband gesperrt worden war. Wie in England, wo das schon ganz früh einsetzte, kämpften auch die Schalker Spieler darum, an den Einnahmen des Vereins beteiligt zu werden – der Verein wiederum sah die Notwendigkeit, die Spieler an sich zu binden. Der „Amateurstatus", der als ideologische Konzeption im DFB noch lange eine unheilvolle Rolle spielte, zwang Vereine und Spieler immer mehr in Grauzonen.

Für die Schalker Spieler war der Fußball eine große Chance, Geld zu verdienen. Die Arbeitslosigkeit in Gelsenkirchen hatte im Jahr 1930 66,6 Prozent erreicht. Nun hatten Schalker Spieler unerlaubte Siegprämien erhalten, und der Verband sperrte. Nach dem Krieg passierte so etwas nochmal: Der Kassier Louis Radecker und der Präsident Moritz verübten Selbstmord – in der Vereinskasse waren Unregelmäßigkeiten entdeckt worden.

Daß auf Schalke Fußball das Leben ist, setzte immer wieder kommunalpolitische Gegebenheiten außer Kraft. Außer dem „Gelsenkirchener Barock" hat die Stadt ja eben nur noch Schalke zu bieten. Und die läppischen 40 000 Mark, für die das Spiel gegen Arminia Bielefeld im „Bundesliga-Bestechungsskandal" verschoben wurde, waren nichts gegen die Katastrophe, daß die beste Schalker Nachkriegsmannschaft dadurch auseinandergerissen wurde – Libuda, der Flankengott, mußte nach Straßburg auswandern, der Beginn seines tragischen Niedergangs, und nur die Kremers-Zwillinge blieben, um in der Saison 72/73 wieder das Unmögliche möglich zu machen: trotz lauter namenloser Mitspieler nicht abzusteigen. Dabei hatte sich Schalke kurz zuvor gerade auf einem Höhenflug sondersgleichen befunden: war DFB-Pokalsieger und Vizemeister. Linksaußen Erwin Kremers stand in der deutschen Elf des Jahres 1972, die man gar nicht genug würdigen kann – und dann diese Provinzposse, dieser Niedergang durch DFB-Chefankläger Kindermann. Auf typisch Schalker Weise sah man sich wieder ins Niemandsland versetzt. Und wie in der nächsten Saison der Klassenerhalt geschafft wurde, hat nur in den legendären Schalke-Messen des Jahres 1966 einen Vergleich. Als Erwin Kremers am vorletzten Spieltag der Saison im Duisburger ‚Wedaustadion', das fest in Schalker Hand war, den entscheidenden Treffer zum Klassenerhalt erzielte, spielten sich Szenen ab, wie sie nur einmal im Leben vorkommen.

Auf Schalke wurde immer aus dem Bauch heraus regiert, nicht vom Kopf her. Einer wie Charly Neumann ist bei keinem anderen Verein möglich: der berühmteste Fan der Liga. Wenn man ihn läßt, sitzt er neben der Trainerbank und herzt die Spieler, bis sie ächzen.

Als Bäckerlehrling mußte Karl-Heinz Neumann 1947 den Helden Ernst Kuzorra und Fritz Szepan die Brötchen bringen: „Dem Ernst acht und dem Fritz sechs", erinnert er sich heute noch. Er kaufte dann die Bäckerei und hatte bald zwölf Filialen. Was damit zusammenhing, daß er mit 18 mit dem Fußball aufhören mußte – die zwei Zentner hatte er schon locker überschritten, aber er war nun mal nicht größer geworden als knappe 1,80 Meter. Als dann Bernhard Wicki 1961 in Gelsenkirchen seinen Streifen ‚Das Wunder des Malachias' drehte und „dicke Komparsen" brauchte, sah Charly Neumann seine Stunde gekommen. Inzwischen hatte er es auf 125 Kilo gebracht, übernahm gleich drei Rollen – Brezelverkäufer, Playboy und Journalist – und ging, weil er auf den Geschmack gekommen war, ins Filmgeschäft nach Hamburg. Nach zwei Jahren waren seine Bäckereien pleite, und seine Frau ließ sich scheiden. Charly Neumann indes sagt: „Auch wenn du in der Scheiße sitzt, kannst du wieder hochkommen", und er heiratete seine Frau einfach noch einmal und machte in Gastronomie: die Bewirtung des Parkstadions selbstverständlich, Stehkneipen im Hauptbahnhof, aber auch vornehme Etablissements. Und außerdem wurde er „Lizenzspielerobmann" bei Schalke. Sein größter Auftritt unter vielen war wohl der, als er seinen alten Kumpel Günter „Oskar" Siebert, der den Verein öfter mal nach den Regeln des Schalker Gemüts geführt hatte und weniger nach denen der kruden Ökonomie, aus seinem fünfjährigen Exil auf Gran Canaria zurückholte und um Mitternacht wieder zum Präsidenten kürte: 1986 war das. Vorher hatten ein Präsident Fenne und ein Manager Assauer versucht, wie Charly Neumann verächtlich sagt, „den Verein seriös zu machen".
Obwohl 1974 das ‚Parkstadion' zur Weltmeisterschaft eingeweiht wurde und von der Autobahn aus direkt zu erreichen ist, hat der Schalker Markt nichts von seiner Magie eingebüßt. Der heutige Präsident Eichberg, der einige Privatkliniken besitzt und wegen seiner noch über Charly Neumann hinausgehenden Ehekonstellationen berühmt wurde, zeugt von der Schalker Kontinuität. Diesen Verein muß man einfach lieben. An diesem Verein haben sich schon viele die Zähne ausgebissen.

Abb. 12. Dieses Bild hat sich ins Bewußtsein einer ganzen Generation eingegraben: kein Ball, kein Gegenspieler, bloß nackte Verzweiflung – Vorstopper Yeats vom FC Liverpool versucht vergeblich, das Geschick abzuwenden und den unsichtbaren Ball, vom unsichtbaren Dortmunder Außenstürmer Libuda geschlagen, vom Einschlag ins Netz abzuhalten. (©: Ullstein/dpa)

b) *Borussia Dortmund: Emma macht sich frei*

Dortmund liegt einen Fußbreit neben Schalke, und in Dortmund sind sie genauso. Nach der Saison 91/92, als Borussia Dortmund einen sagenhaften Höhenflug unter Ottmar Hitzfeld erlebte und den Meistertitel bloß um vier Minuten verfehlte, wurde der Rasen des ,Westfalenstadions‘ stückchenweise versteigert, als Reliquie – und daß im Dortmunder Rosarium eine gelbe Neuzüchtung den Namen ,Borussia‘ erhielt, lag auf der Hand. Man war stolz darauf, die billigsten Stehplatzkarten der Bundesliga anzubieten – mit 9,50 Mark wurde gar die obligatorische Zehnmarkgrenze unterboten –, und von den 17000 Sitzplätzen im ,Westfalenstadion’ gingen bereits 12500 als Dauerkarten weg. Der Stadionsprecher macht sich einen Witz daraus, die genaue Zahl der Zuschauer zu nennen, wenn das Stadion ausnahmsweise einmal nicht ausverkauft ist. Der smarte Präsident Gerd Niebaum, der über Wirtschaftsrecht promoviert wurde, wußte mit dem Pfund zu wuchern, das er in Dortmund hat: „Wir achten auf Kontinuität", sagt er programmatisch. Und der Dortmund-Fan Freddie Röckenhaus, der dieses Terrain als Journalist besetzt hält, schuf für den Schweizer Torjäger Stephane Chapuisat das dazu passende Bild: Der „kauft brav bei coop seinen Aufschnitt".

Doch schon ein Präsident wie Gerd Niebaum zeigt, daß Dortmund ein ganz anderer Verein ist als Schalke 04. Den Übergang von Montanindustrie und Brauereiwesen zur Dienstleistungs- und Technologiegesellschaft hat man bei der Borussia konsequent mitvollzogen; Volkstribunen à la Schalke sind hier kaum noch denkbar. Wie Schalke hatte Dortmund mit dem Niedergang der Stahl- und Kohleindustrie im Ruhrgebiet seine größte Krise – doch den Anschluß an High-Tech hat man viel schneller geschafft. Niebaum ist nunmehr seit sechs Jahren Präsident, und sein Vorgänger Reinhard Rauball, der später mit der ausgebufften Verteidigung Katrin Krabbes Schlagzeilen machte, war bereits aus demselben Holz geschnitzt.

Schon die Urszene zeigt den völlig anderen Charakter des Vereins gegenüber Schalke 04: Am 19. 12. 1909 beschlossen 18 Mitglieder des Jünglingsvereins ‚Dreifaltigkeit', auszuscheren und einen eigenen Verein zu gründen. Sie protestierten damit gegen den Beschluß, den Versammlungsort von der Kneipe ins nahegelegene, aber katholische Pius-Haus zu verlegen. Der neue Name ‚Borussia', an preußische Burschenschaftsherrlichkeit gemahnend, spricht für sich. Dem Gelsenkirchener Vorortverein Schalke 04 entsprach in Dortmund viel eher der Bergarbeiterverein Arminia Marten – doch die Struktur der Stadt Dortmund war schon immer ein bißchen anders als die in der angrenzenden Emscherzone. Borussia Dortmund schaffte es im Jahr 1936, in die „Gauliga" aufzusteigen und damit mit den Schalkern in der gleichen Klasse zu spielen – vor allem, weil mit Fritz Thelen ein Trainer aus Schalke geholt worden war.

Nach dem Zweiten Weltkrieg wurden die Karten neu gemischt. Je öfter man sich am Borsigplatz in der Kneipe von Wille Schneider traf, desto deutlicher wurde eine Dynamik, die den Schalkern überlegen war. Als Schlüsselspiel gilt das 3:2, der erste Sieg gegen Schalke im Spiel um die Westfalenmeisterschaft im Mai 1947 in Herne: Ein neues Prinzip des Fußballspielens stand da einem der Tradition, der Erfahrung gegenüber. Schalke war durch den „Kreisel" berühmt geworden, das gepflegte Flachpaßspiel im Mittelfeld, mit dem man den Gegner zermürbte: Möglichst viele Spieler der eigenen Mannschaft waren in diesen „Kreisel" miteinbezogen. Das setzte voraus, daß jeder einzelne mitdachte, ständig in Bewegung war und sich freilief – eine Übernahme aus dem englischen Fußball, dessen proletarischem Charakter Schalke in Deutschland am nächsten kam. In England regnet es immer mal wieder, und der Rasen ist schlüpfrig und naß: Bei steil geschlagenen Pässen wird dadurch der Ball leicht zu schnell. Dadurch entwickelte sich ein spezifisch britisches Kurzpaßspiel, dem Schalke mit seinem „Kreisel" eine eigene ästhetische Note hinzufügte.

Schalkes „Kreisel" war jedoch nach dem Zweiten Weltkrieg immer weniger durchzuhalten; die Last der Tradition lag schwer auf dem proletarischen Vorzeigeverein. Man arbeitete sich mühevoll an der eigenen Identität ab, während die Dortmunder erst begannen, sich eine aufzubauen: Ihr Typus von Fußball war praktischer, effektiver; hier wurden typische Eigenschaften wie Kampfgeist, Körpereinsatz, Kondition offensiv eingesetzt. Damit verkörperten die Dortmunder den neuen Geist des Ärmelhochkrempelns, des Wiederaufbaus, der Schnörkellosigkeit. Der typische Dortmunder „Konterfußball", die harte Attacke, die die Flanken des Gegners wie mit einem scharfen Messer aufschnitt – das war eine neue Zeit, die in Schalke erst einmal eine Götterdämmerung anberaumte.

In den fünfziger Jahren galt es als das höchste Lob, wenn man jemanden „Hammer" nannte, sozusagen die Umsetzung der Ideale der Schwerindustrie auf dem Fußballplatz: Die Dortmunder Kelbassa und Niepliecko aus der einzigartigen Meistermannschaft der Jahre 1956 und 1957 bezogen die Anerkennung aus derlei Eigenschaften. Proletarische Wucht, gepaart mit mannschaftlicher Geschlossenheit, Effektivität im Spielaufbau – das ist der Idealtypus des Fußballs in den Industriegesellschaften. Doch nicht immer erweist er sich dem „ballverliebten" und „verspielten" Fußball etwa der Südamerikaner, dem vorindustriellen Fußball, als überlegen – ein Widerspruch, der bis heute nicht ausgeschöpft ist und grundsätzliche kulturwissenschaftliche Fragestellungen aufwirft.

1956 und 1957 wurde Borussia Dortmund mit derselben Mannschaftsaufstellung Deutscher Meister – ein einmaliger Vorgang in der deutschen Fußballgeschichte. Das Innentrio mit den „drei Alfredos" – Preißler, Kelbassa und Niepieklo hießen jeweils Alfred – versetzte die Gegner in Furcht und Schrecken. Seele des Spiels war die „Spinne" Max Michallek, bereits in der unmittelbaren Nachkriegszeit Symbol des neuen, kraftvollen Dortmunder Spiels. Als er neben dem Hamburger Jungstar Uwe Seeler zum Endspiel 1957 einlief, sagte dieser zu Michallek: „Na Opa, was willst du denn hier?" Michallek sagte dazu nichts. Nach dem Dortmunder 4:1-Sieg ging er vom Platz und brummte bloß: „Von wegen Opa!"

Einer der typischsten Dortmunder Spieler, Erich Schanko, war zu dieser Zeit leider nicht mehr in der Mannschaft: Der Mann mit dem unverwechselbaren Glatzkopf und dem markanten Gesicht war ein eiserner, verbissener Kämpfer gewesen, der keinen Zentimeter Boden preisgab – und durch seine Schweigsamkeit berühmt war. Er sagte so gut wie nie etwas, rackerte aber wie ein Löwe. Als er bei Borussia Furore machte, mußte er nicht mehr unter Tage gehen, sondern bekam einen weitaus angenehmeren Job als Gasableser.

Vor dem zweiten Meistertitel 1957 wurde in Dortmund mächtig gepokert. Vor allem Preißler, Kelbassa und Kapitulski forderten ultimativ, an den enormen Einnahmen des Vereins besser beteiligt zu werden. Und der Meistertrainer Helmut Schneider hatte keine Lust mehr. Der Vorstand setzte ihn gehörig unter Druck, statt einen der „satten Altstars" das junge Talent Aki Schmidt (der Junge wäre der vierte Alfred gewesen!) einzusetzen – doch Schneider wollte das Double mit derselben

Mannschaftsaufstellung schaffen wie ein Jahr vorher. Das Tauziehen ging bis in die Kabine kurz vor dem Anpfiff. Die elf zusammengeschweißten Männer hieben den HSV vom Platz, und direkt danach brach die Mannschaft auseinander.

Borussia Dortmund zeigte darauf noch ein paar Mal seine kämpferischen, bodenständigen Qualitäten – legendär der 5:0-Sieg daheim gegen Benfica Lissabon im Europapokal der Landesmeister 1963, als die portugiesischen Ballkünstler zuerst zu dünne Mäntel in das eiskalte Dortmund (sechs Grad minus) mitgebracht hatten und auch auf dem Spielfeld jämmerlich froren. Und dann der 4:0-Auswärtserfolg bei Dukla Prag, das mit dem wunderbaren habsburgischen Paßkönig Josef Masopust angetreten war, der die Tschechoslowakei 1962 zum Vizeweltmeister gemacht hatte. Masopust, der den Ball am liebsten in die „ulica", ins „Gäßchen" spielte, hielt der Dortmunder Dynamik nicht stand und erstarb, wie das alte Mitteleuropa, in Schönheit. Als dann beim Rückspiel in Dortmund drei Minuten vor Schluß ein gewisser Jelinek zum 3:1-Sieg der Prager einschob, war das nicht viel mehr als – ein Schönheitsfehler . . .

Den größten Glanz erhält der Name Borussia Dortmund allerdings durch diesen typisch britischen, mit tiefhängenden Wolken versehenen 5. Mai 1966 in Glasgow. Der Endspielgegner im Europapokal hieß FC Liverpool. Um 21.33 Uhr erfolgte der letzte Schliff, und zwar auf eine Weise, die eine ganze Generation geprägt hat. Siggi Held war durchgestürmt, in der Verlängerung, mit letzter Kraft, er schoß, der Ball prallte von Torhüter Lawrence ab, und er fiel, weit und schräg rechts vor dem Tor, vor die Beine von Stan Libuda. Von dem hatte man in diesem Spiel noch fast gar nichts gesehen. Aber jetzt schlug er auf den Ball – und der flog hoch und senkte sich in einem großen Bogen auf das Liverpooler Tor zu: Millionen verfolgten den verzweifelten Kampf des Stoppers Ron Yeats, den Ball noch vor dem Netz aufzufangen, die weiten, vor Schreck aufgerissenen Augen – und es hieß 2:1 für Borussia Dortmund. Und das war damit die erste deutsche Mannschaft, die Europapokalsieger wurde.

Vor dieser Saison 65/66 hatte sich bei den Borussen viel getan.

Trainer Willy Multhaup, ein Essener, hatte Heimweh nach dem Ruhrgebiet und unterschrieb schon mal in Dortmund einen Vertrag, bevor er noch schnell Werder Bremen zum Deutschen Meister machte. Die Hoesch AG, Dortmunds Großunternehmen, schwang sich auf, den Verein modern zu managen; „Spielausschußvorsitzender" wurde der Recklinghausener Möbelfabrikant Heinz Stork, der gleich mal dem frischgebackenen Schalker Ehemann Stan Libuda einen Möbelkredit bewilligte und ihn nach Dortmund holte. Vor allem aber holte er einen Offenbacher in seine Firma: Siggi Held.

Held war der aufstrebende Stern am deutschen Fußballhimmel, bei Kickers Offenbach hatte er alles aufgemischt, was sich ihm in den Weg gestellt hatte. Und in Dortmund brachte er ein Erweckungserlebnis zustande, auf das niemand so recht gefaßt war: Er machte aus „Emma" den torgefährlichsten Stürmer weit und breit. Lothar Emmerich, ein Karosseriebauer aus Dortmund-Dorstfeld, war von der Bezirksklasse direkt in die Bundesliga gelangt und machte zwar dann und wann ein Tor, aber er unterschied sich nicht wesentlich von den anderen Stürmern im Ruhrpott. Mit Held wurde das anders. Die beiden verstanden sich auf Anhieb: Wenn der eine losrannte, wußte der andere sofort wohin, sie rochierten von der Mitte auf den Flügel und schoben sich die Bälle ins Freie, daß es eine Lust war.

Held war dabei eher der Stratege, der die Situationen witterte, Emma hingegen sein Erfüllungsgehilfe, der Vollstrecker. In der Saison 65/66 wurde er mit 31 Toren Torschützenkönig der Bundesliga, im Jahr darauf nochmals zusammen mit Gerd Müller (den er beim Entscheidungsschießen im ‚Aktuellen Sport-Studio' sofort wegputzte). Wenn Emma „Gib mich die Kirsche" rief, dann hatte er sie auch schon: „Abschuß und Einschlag im gleichen Moment, dat wolln die Leute sehn", das hatte Emma schon früh erkannt. Und bei der Weltmeisterschaft in England 1966, im Vorrundenspiel gegen Spanien, führte er das mit dem atemberaubendsten Tor vor, das in solch einer Situation jemals erzielt worden ist: Emma stieß an dem Punkt, wo der Strafraum auf die Außenlinie trifft, auf den Ball – ein aberwitziges Unterfangen. In Fachkreisen überbot man sich noch jahrelang damit, sich das Bild des verdutzten Torwarts Iribar in Großaufnahme auszumalen.

Emma hatte aber auch noch andere Facetten: Deutscher Meister wurden die überlegenen Dortmunder in diesem Königsjahr 1966 nur deswegen nicht, weil Emma beim 0:1 in Bremen, wo ein Punkt bereits zur Meisterschaft gereicht hätte, neue Fußballschuhe anhatte – und die drückten und peinigten ihn, wie es noch nicht eingelaufene Fußballschuhe eben immer tun. Seine eigentlichen Schuhe hatte er einem Fan gegeben, der sie vergolden wollte. So prangten zwar im elterlichen Wohnzimmer in Dortmund-Dorstfeld hernach goldene Fußballschuhe in der Glaskommode, aber daneben halt nur das Bild des Vizemeisters.

Die Borussia schaffte es immer wieder, Typen zu holen, die authentisch waren. Daß den Schalkern der deutsche Matthews, Stan Libuda, abgeluchst wurde, spricht für sich. Libuda war der letzte unter den ganz Großen, die noch die klassische Bergarbeiterlehre in der Schalker Zeche ‚Consolidation‘ gemacht hatten. Jo Viellvoye schrieb im Taumel des Europapokalsiegs 1966 in seinem Buch ‚Borussia Dortmund – Die Geschichte einer großen Mannschaft‘ folgende Kurzcharakteristik: „Libudas Spiel ist umstritten, selbst innerhalb des Vereins. Kritiker werfen ihm übertriebenes Dribbeln vor. Er hat einen regelrechten ‚Telefonkoller‘ und ruft aus allen Ecken der Welt seine hübsche Frau an. Sonst vergißt er grundsätzlich alles. Zu Auswärtsspielen kommt er oft nur mit einem Kulturbeutel, dessen wichtigster Inhalt eine Tube Haarcreme ist. Alles andere pumpt er sich. Seine Tricks auf dem Spielfeld kann er selbst nicht erklären. Devise: ‚Gucken und fummeln‘“.

Eine gewisse Exzentrik legte auch einer der größten Stürmer der nächsten Generation, Manfred Burgsmüller, an den Tag. Er hatte den Aberwitz, die Schlitzohrigkeit eines Gassenjungen, der sich in allen Lebenslagen zu helfen weiß. Die Klassenausflüge mit der Nationalmannschaft und deren aufgesetzte „Disziplin“ behagten diesem Querdenker überhaupt nicht. Und als es zur Weltmeisterschaft 1978 nach Argentinien gehen sollte, war er der einzige aus dem Aufgebot, der deutliche Worte gegen die dortige Militärjunta fand – prompt wurde er gestrichen.

Und die Borussia schaffte es auch, den bei Rot-Weiß Essen zum absoluten Publikumsliebling avancierten Willi Lippens anzuheuern, von 1976 bis 1979: einen der einfallsreichsten Spieler, die jemals in der Bundesliga gespielt haben. Auf welche Ideen er kommen konnte, war vorher wirklich nicht zu ahnen. Dem entsprach seine Schlagfertigkeit. Schon als er in der Jugend bei Kleve 03 kickte, führte er sich mit dieser Anekdote ein: „Ich verwarne Ihnen!" sagte der Schiedsrichter. „Ich danke Sie!" antwortete Lippens. Und wurde vom Platz gestellt.

Torgefährlichkeit, Spielkunst und unverwechselbarer Fußballinstinkt gingen bei Lippens mit einer offensiven Lebensfreude, mit viel Witz einher. Daß er nur „Ente" genannt wurde, ist auf seine unberechenbare Schrittfolge zurückzuführen. Daß es heute keine Spitznamen mehr gibt, hinter denen sich immer gewisse Eigenheiten und Aufsässigkeiten verbergen, ist bezeichnend: – Spitznamen müssen sein, meint Lippens: „All die Braven taugen nichts." Und daß er nie in der deutschen Nationalelf gespielt hat – die hätte so einen wie ihn dringend gebraucht, Helmut Schön hat ein paar Mal mit Lippens telefoniert –, das lag an seinem holländischen Paß. Einen deutschen anzunehmen, verbot ihm sein Vater – der hatte den Einmarsch der Nazis in Holland erlebt.

Borussia Dortmund: Das war die „moderne", die geradlinige Version des Ruhrpottfußballs, das war der Erfolg nach Schalke 04, ein Generationswechsel. Die Frage nach der deutschen Rolle in der Europäischen Gemeinschaft, die sich aufgrund der Wirtschaftsmacht und des praktischen Anpackens immer dringlicher stellte, wurde zum erstenmal von Borussia Dortmund in den Raum geworfen, mit dem Gewinn des Europapokals 1966. Dortmund verzichtete auf den Ballast der Vergangenheit, den Schalke ständig mit sich herumschleppen mußte. Und solange das althergebrachte Wirtschaften, das beide Vereine definierte, noch funktionierte, mit Stahl und Kohle und Maloche, wurde die Borussia vom Fußballfundament des Ruhrgebiets bis in die höchsten Höhen getragen.

Ein Trainer wie Ottmar Hitzfeld kündigt an, daß Dortmund auch in der Postmoderne seine Rolle spielen kann. Im eleganten, lockeren Anzug ist er meilenweit entfernt vom Coach im Trainingsanzug. In der letzten ‚Sportschau‘-Saison, 1991/92, standen das Alte und das Neue unverbunden nebeneinander: Heribert Faßbender vom Westdeutschen Rundfunk wagte es einmal, die ‚Sportschau‘ direkt aus den Dortmunder Stadionkatakomben zu senden. Und er wollte, weil ein Westverein endlich mal wieder ganz oben stand, Hitzfeld dazu animieren, mit ihm am Schluß das Pilsglas zu heben, wie man es im Westen zu tun pflegt. Faßbender nuckelte am Schaum, während Hitzfeld souverän stehenblieb, mit keiner Hand zuckte und das Gegenprinzip verkörperte. Champagner-Fußball, Dressman-Fußball – in Dortmund ist man schon weiter.

Bisher wurde bei diesem Verein immer Wert darauf gelegt, daß die Atmosphäre stimmte, daß es eine charakteristische ‚Borussia‘-Folklore gab. Doch die Zeit, als die Ruhrpottperlen einfach nur aufgefischt zu werden brauchten, ist mittlerweile vorbei. Der neue Spieltypus der Dressmänner, der der Möllers und Helmers, ist mittlerweile genauso mit Dortmund verbunden wie seinerzeit derjenige des Jungen aus dem Revier und beginnt, den Charakter der Mannschaft zu prägen. Leise schickt man sich an, sich zum neuen Gegenpol von Bayern München auszubilden. Das anfängliche Murren, daß ausgerechnet einer wie Michael Rummenigge zur Borussia geholt wurde, legte sich recht schnell, den hat man noch verkraftet – aber jetzt beginnt ein Vabanque-Spiel. Bedeuten Spieler wie Reuter und Sammer wirklich den Erfolg? Doch wenn vor dem Spiel der Triumphmarsch aus ‚Aida‘ ertönt, verschmelzen die verschiedenen Kulturen selbst heute noch zu einem einzigen Rausch.

3. Fußball als feine Ziselierung der Seele. Der SC Freiburg und seine Entgrenzungen

Daß man in Freiburg auch Fußball spielen kann, ist eine völlig unerwartete Erfahrung. Luftig ziehen sich die Schwarzwaldhänge hin, in sanften Terrassen bis in blasse Unendlichkei-

Abb. 13. In Freiburg treten die Landschaften der Psyche offener zutage als anderswo, hier reagieren die Nerven empfindlicher auf alle Hochs und Tiefs. Wenn hier Fußball gespielt wird, ist der Analytiker gleich mit dabei. (©: Leif Geiges)

ten, und ist man erst einmal dem herben Nachgeschmack des Markgräfler Gutedels erlegen, hat man sich erst einmal Terrain in den dezent verrauchten und philosophiegeschwängerten Kneipen verschafft, kann sich das kaum einer mehr vorstellen: daß hier eine derart unakademische Sportart gepflegt würde, eine mit dem Ruch des Proletarischen gar.

Fußball ist in Freiburg nicht vorgesehen. Das Objekt der

Anschauung sind hier die feinen Ziselierungen der Seele. Im Epizentrum des sogenannten „Dreyecklands", zwischen Frankreich und der Schweiz als eine Art Wurmfortsatz des massiven Deutschen plaziert, trifft für Freiburg im Normalfall eher der Wetterbericht des französischen Jura und der mittelmeerdurchwehten Regionen am Rande der Alpen zu als der voll deutscher Hochs und Tiefs.

Für frankophone Einflüsterungen ist man hier besonders empfänglich. Poststrukturale Schwingungen erreichten die Freiburger Universität bereits in den frühen siebziger Jahren. Selbst die berüchtigte alternative Szene – „Chaotenhochburg" nannten die Stuttgarter Landesherren Freiburg wegen der dort stark in Mode kommenden Hausbesetzungen – verkörperte mehr ein Bohemien-Gefühl als harte deutsche Polit-Dogmatik. Und ein gewisses Laissez-Faire ergab sich schon immer aus der naheliegenden Tatsache, daß jeder mit seinem bestimmten Winzer im Elsaß Eindruck schinden darf.

Es gibt wohl keinen Ort in Deutschland, der weniger deutsch ist. Und es gibt keinen Ort in Deutschland, wo die vorherrschende Atmosphäre und der Fußball sich derart widersprüchlich zueinander verhalten.

In Freiburg spielen zwei große Fußballclubs. Und der, von dem man im Moment spricht – der Sportclub Freiburg – der dürfte eigentlich gar nicht vorkommen. Denn der Sportclub, das sind die Underdogs. Lange Zeit herrschte in Freiburg, abseits der akademischen Zirkel, nur ein Verein: der Freiburger Fußball-Club, der FFC. Der FFC war lange die Hausmacht in Freiburg. 1908 wurde er gar Deutscher Meister, und davon zehrt er bis heute. 1969 war's, da ist er in der Aufstiegsrunde zur Bundesliga als Meister der Regionalliga Süd so knapp wie nur irgend möglich gescheitert, durch ein 0:0 gegen Rotweiß Oberhausen mit Lothar Kobluhn, der dann Torschützenkönig in der ersten Liga wurde. Der FFC spielt heute, nachdem er sogar ein Gastspiel in der Verbandsliga gegeben hatten, in der Oberliga Baden-Württemberg.

Der FFC ist der Honoratiorenclub. Er spielt im ‚Möslestadion', das zwanzigtausend Zuschauer faßt und so idyllisch gele-

gen ist, daß einem unvorbereiteten Fußballfan die Augen weh-
tun – es schmiegt sich so in die vermeintlich unzerstörten
Schwarzwaldtäler, daß man sich wie im Märchen wähnt. Der
Sportclub hingegen spielt ein bißchen weiter draußen, in der
Vorstadt, wo sich an der vielbefahrenen B 31 Sportanlagen und
Arbeitersiedlungen hinziehen und an jedem Haus ein Transparent gegen die maßlose Verkehrsbelästigung durch die Autos
hängt: Das ‚Dreisamstadion‘ faßt nur vierzehntausend Zuschauer, und ausverkauft war es so gut wie nie. Lange Jahre
verloren sich zwei- bis dreitausend Zuschauer auf den kargen
Rängen, erst seit zwei Jahren ist es ein bißchen anders geworden.

Der FFC hatte immer unangefochten den Ton angegeben.
Erst in der achtziger Jahren wurden die vom Sportclub frech
und wagten es, in die zweite Bundesliga aufzusteigen, klassen-
spezifisch gleichzuziehen. Es tröpfelten die Zuschauer aus den
undurchdringlichen Schwarzwaldtälern, aus Dörfern nahe der
Schweizer und der französischen Grenze, und mehr inkognito,
den Kragen hochgeschlagen und vorsichtig sichernd, ob man
links oder rechts nicht vielleicht doch erkannt würde, mischten
sich auch Studenten mit ins Publikum, reihten sich ein in die
neue Front gegen den Verein der Großkopfeten, den FFC.

Dann passierte es. Der FFC stieg ab, und der Sportclub blieb
in der zweiten Liga. Das konnte gar nicht die Wirklichkeit sein,
weswegen im ortsansässigen Monopolblatt immer noch groß
über die Spiele des FFC in der Oberliga Baden-Württemberg
berichtet wurde und dann noch so ein Nachklapp kam, wie es
dem SC in der zweiten Bundesliga so ging. Ein „Donatoren-
club" für den FFC wurde gegründet, in dem sich der geschäfts-
tüchtige Freiburger Mittelstand versammelte, und in den regelmäßig aufkommenden Diskussionen über eine Fusion der beiden Vereine blockte der FFC immer mit dem Hinweis auf seine
Deutsche Meisterschaft im Jahre 1908 ab – dieser Name dürfe
nicht untergehen.

Der Sportclub, das sind die Underdogs. Die Zähigkeit, mit
der er sich oben hielt, ist die der alemannischen Ureinwohner;
hier war das Tagwerk immer hart. Deswegen war man einiges

gewohnt im Leben, und so wurde auch auf den Rängen des Dreisamstadions nie gemurrt. Dabei hätte es Anlaß genug gegeben: Mittelstürmer, die kamen und gingen, waren immer das große Problem, und die Besten wurden immer gleich weggekauft – von dem brasilianisch anmutenden Libero Wöhrlin, der bei Bayer Uerdingen nie das sein konnte, was er in Freiburg war, über Sane, Higl, Buck, Moutas bis zu Michael Zeyer nach der letzten Saison. Ständig wurden neue, junge Leute aus dem Umland verpflichtet, aus dünn besiedelten Gegenden, die schwer zu bewirtschaften sind und wo einem nichts geschenkt wird. Nie konnte man wissen, was daraus wurde, und wenn einer einschlug, konnte man sicher sein, daß er zur nächsten Saison von den Häschern der reicheren Nachbarn gegriffen wurde: Vom Karlsruher SC, oder, das Schlimmstmögliche, vom VfB Stuttgart.

Das ist aber alles gar nicht anders zu machen. Keiner sieht das realistischer als Achim Stocker, der seit dreiundzwanzig Jahren den Verein führt. „Wir waren zu keiner Zeit bereit, mehr Geld auszugeben, als wir hatten", sagt der Regierungsdirektor in der Oberfinanzdirektion. Profifußball war in Freiburg nur dadurch möglich, daß man jedes Jahr erneut aufs Roulettespiel einging: also einen Leistungsträger verkaufte und in der Oberliga auf die Pirsch ging.

Den größten Coup landete Stocker allerdings nicht in der Oberliga Baden-Württemberg, sondern beim albanischen Erstligaclub Besa. Altin Rraklli, der in der Saison 92/93 beim Sportclub einschlug wie kein anderer Stürmer vor ihm, kam auf politischen Umwegen zum SC: Sein Freund Arben Tahira war als Asylant nach Freiburg gekommen und begann dort zu studieren. Er wohnte bei Rita Czech-Blasel, die früher einmal Deutsche Meisterin im Skilanglauf war und dann FDP-Gemeinderätin wurde. Sie nahm Tahira gelegentlich zu Heimspielen ins ‚Dreisamstadion' mit, wo Tahira immer deutlicher merkte, daß sein alter Freund Altin Rraklli dazu geeignet wäre, den Sturm des SC durchaus zu verstärken. Präsident Stocker witterte wieder einmal etwas und kümmerte sich tatsächlich um Hin- und Rückflug Rrakllis. Nach dem Probetraining war es klar, daß er als erster Albaner einen Profivertrag in Deutschland bekam, und die vereinbarten vierzigtausend Mark Ablöse waren zahlbar in Trikots, Fußballschuhen und anderweitigen Sportartikeln.

Das Publikum in Freiburg war früher eher still. Manchmal kam es vor, daß gegnerische Aktionen mit Beifall bedacht wurden. Und des öfteren war nach einer knappen Niederlage, mit einem bedächtigten Hin- und Herwiegen des Kopfes, der Satz zu hören: „Die waren einfach besser!" Die Studenten, die sich im Publikum verloren, waren es eh gewohnt, die Dinge kühler, nahezu analytisch zu betrachten, zudem waren sie gehemmt durch ihre bloße Anwesenheit, die, das war vielen von ihnen bewußt, einem Verfremdungseffekt gleichkam. Und die anderen, die aus den Schwarzwaldtälern, die harren von Natur her aus. Stumm standen sie gegen die Freiburger Bourgeoisie des alteingesessenen Vereins an, die ein paar hundert Meter weiter zur Stadtmitte hin ihr Domizil hatte. Da war es lange Zeit so, daß die Fans der Gastmannschaft die Hausmacht darstellten. Sie stellten sich immer am strategisch günstigsten Punkt, in der Mitte der Gegengeraden, auf und taten so, als sei das gar kein Auswärtsspiel. Vereinzelte Zwölfjährige versuchten zwar gelegentlich, ein bißchen dagegenzuhalten, aber das wirkte meist kläglich. „Kinderchor", schrieen die Fans zumal aus dem Ruhrpott zurück und füllten damit das Stadion.

Das alles ist seit zwei Jahren ganz anders geworden. Es sind mittlerweile mindestens fünftausend, oft auch erheblich mehr, die das ‚Dreisamstadion' aufsuchen, und sie werden immer vorwitziger. Jetzt ist es nicht mehr so, daß man sich einfach an der Würstchenbude oberhalb der Stehplätze verabredet, wenn man sich im Stadion treffen will, zu unübersehbar ist es geworden. Sogar einen Fanblock gibt es. Die junge Mannschaft – die meisten sind knapp über Zwanzig – versetzte Freiburg zum ersten Mal in ein Fußballgefühl. Schon 1991 peilte der SC den Aufstieg in die erste Liga an, als „Wintermeister" der zweiten Liga Süd, und als historischer Moment in den Vereinsannalen gilt jetzt schon das letzte Spiel vor der Winterpause 1991 gegen den damaligen Hauptkonkurrenten Carl-Zeiss Jena: Als in der 94. Minute Christian Simon, ein ungezügelter Bengel aus Titisee-Neu-stadt, das erlösende 1:0 einköpfte, umarmten sich klassenüber-greifend Kleinbürger und Intelligenzija – der Torschrei soll laut ‚Badischer Zeitung‘ bis kurz vor Kirchzarten zu hören gewesen sein. Und im selben Blatt gratulierte die Freiburger Geschäfts-welt dem Sportclub in einer Anzeige zum Halbzeittitel: ein bis vor kurzem undenkbarer Vorgang.

Wir kommen dem Rätsel wohl am nächsten, wenn wir den einmaligen Empfang beachten, den der Rektor der altehrwürdi-gen Albert-Ludwigs-Universität zu Ehren der Fußballer gab – wegen der „traditionell guten Beziehungen zwischen der Uni-versität und dem Sportclub“. Da war es plötzlich ausgespro-chen. Seit kurzer Zeit scheint das Undenkbare möglich zu sein, die Aufhebung der Gegensätze in ein Drittes, Eigentliches. Zum erstenmal nämlich ist das Studentische in der Mannschaft unübersehbar. Sieben Spieler der Stammbesetzung studieren, und André Fincke, der Stürmer mit den langen blonden Haa-ren, verkörperte eine Zeitlang in seiner Erscheinung die Heim-holung der einstmaligen Außenseiter in die große gemeinsame Sache. Zugegeben, die meisten studieren irgendwelche Betriebs- und Wirtschaftswissenschaften. Aber es ist einer darunter, der studiert tatsächlich Philosophie – und Germanistik. Der Mann schießt als eher defensiver Mittelfeldspieler immerhin auch ab und zu ein Tor und ist wegen seiner Kopfballstärke gefürchtet. Der Kopf! Jens Todt ist mit dem Trainer Volker Finke von Havelse nach Freiburg gekommen, und auf die Frage, ob die großen Vereine nicht schon bei ihm anklopften, antwortet er entwaffnend: Man könne nicht überall so wie in Freiburg stu-dieren!

Volker Finke ist Oberstudienrat (Sport, Geschichte, Gemein-schaftskunde) und dreht sich seine Zigaretten selbst. Regelmä-ßig besucht er die Veranstaltungen des „Studium Generale“ in der Universität. Die Freiburger Klaviatur beherrscht er wie kein anderer Trainer vor ihm – weder der Weltenbummler Eckart Krautzun, dessen Dickschädel für die sensiblen Freiburger Strömungen nicht geeignet war, noch Jörg Berger, dem in seiner Dünnblütigkeit die Laszivität, das südliche Flair abging. Mit der Freiburger Mannschaft schnitten auch sie nicht allzu schlecht ab, doch erst mit Finke kam der Durchbruch zur absoluten Spitze, zum allerersten Aufstiegsaspiranten. Obwohl auch bei dessen Dienstantritt Freiburg wieder zu den Abstiegskandidaten gezählt wurde, obwohl auch er wieder acht Abgänge verkraften mußte und vor zwei Jahren mit einer neuen Mannschaft aus lauter Unbekannten antrat.

Sein vorbereitendes Meisterstück machte Finke, als er in die Diskussion um den Ausbau des ‚Dreisamstadions' eingriff. Im Gemeinderat diskutierte man heftig über eine Flutlichtanlage, die das Stadion zwar nur notdürftig, aber dann immerhin erstligatauglich machen würde. Die Grünen-Stadträtinnen waren dagegen. Und daß die Grünen in Freiburg eine Macht sind, ist offensichtlich: In manchen Stadtteilen sind sie mit Abstand die stärkste der Parteien. Finkes Brief in der ‚Badischen Zeitung' zeugte von taktischem Geschick und Sprachgefühl; er wußte, wie man in Freiburg argumentiert – und er hält es für besonders wichtig, „die Psychogramme der Spieler" seiner Mannschaft lesen zu lernen.

Vor dem Heimspiel gegen Oldenburg im deutschen Herbst 1992 wurde an die Fans ein Flugblatt verteilt, das die Spieler und der Trainer gemeinsam verfaßt hatten: „Zeigt, daß ihr mit Schlägern und brutalen Brandstiftern nichts zu tun habt. Helft Ausländern, wenn sie angegriffen werden." Finke, der die Aktion des DFB vom 12. Dezember 92, in der alle Profispieler mit der Trikotaufschrift „Mein Freund ist Ausländer" aufliefen, als „bloße Effekthascherei" bezeichnete, hatte damit bestimmt nicht auf die falsche Seite ausscheren wollen. Das Flugblatt wandte sich auch „an die kleine Gruppe, die in letzter Zeit öfter Trommelstakkato mit ‚Sieg...Sieg...Sieg'-Gebrüll inszeniert hat", und bat: „Überlegt euch bitte andere Formen der Anfeuerung." Vorausgegangen waren, wie Kapitän Uwe Spies mitteilte, mehrere Gespräche im Mannschaftskreis, in denen klar wurde: Angesichts solcher martialischer Rufe hätten die Spieler keine Lust mehr, sich nach dem Spiel bei den Fans mit dem obligatorischen Hände-Abklatschen zu bedanken. Das Spiel endete im Einklang mit allen Seiten: 6:1.

Sollte in Freiburg das Antizyklische seine Heimstatt finden? Weitab von der deutschen Befindlichkeit, im windgeschützten, abgeschirmten Dreyeckland, wird an einer sensiblen Gemeinsamkeit zwischen dem Geist und den gemeinen Spielen des Volkes gearbeitet. Hier, im milden, mediterranen Ambiente, spielt die Gelöstheit des Südlichen ins Akademische wie ins Körperliche hinein. Im ,Millerntor Roar!' des FC St. Pauli, zweifellos ebenfalls ein Verein, der auf Fußballkultur großen Wert legt, wurde nach dem letzten Spiel in Freiburg neidvoll bemerkt: „Wir haben keinen einzigen Hool gesehen. Und im Stadion kann man sich frei bewegen wie zu Herbergers Zeiten." Dies allerdings birgt auch den Keim kommenden Unwohlseins in sich. Denn es gibt in Freiburg eine große Dunkelziffer von Fans, die – nicht in die erste Liga aufsteigen möchten.

Das Ideal für den SC ist nämlich: immer um den Aufstieg zu kämpfen, und immer beherzt und knapp daran zu scheitern. Die erste Liga ist dem Freiburggefühl abhold. Schon wird das ,Dreisamstadion' bis zur Unkenntlichkeit verändert. Schon drohen die Flutlichtmasten. Im Freundschaftsspiel gegen Bayern München am 23. Januar – das ,Dreisamstadion' war schon zwei Monate vorher ausverkauft – fiel der Spieler Rraklli, Gottseidank, nicht besonders auf. Dennoch stimmte Bayern-Trainer Ribbeck mißtrauisch: Die Freiburger seien eine geschlossene Mannschaft, ihm sei kein Spieler besonders aufgefallen.

Beim Sportclub kennt man solche losen Reden. Immer mußte er die besten Spieler durch Unbekannte ersetzen. Freiburgspezifisch, und überhaupt nicht erstligatauglich, ist darüber hinaus: Die Mannschaft ist technisch brillant, aber wenn es einmal nicht läuft, kann sie sich einfach nicht mehr zusammenreißen. Das ist in Freiburg normal. Man ist dort psychisch recht anfällig. Wenn es nur noch ums bloße Kämpfen geht, hat man schnell keine Lust mehr. Deswegen hofften immer viele, daß der SC vielleicht doch freiwillig auf den Aufstieg verzichtet. Dafür, daß die Utopien von einer besseren Welt bleiben, wäre es vermutlich das beste gewesen. Wir alle schauen gebannt auf das, was sich demnächst im ,Dreisamstadion' tut.

4. Bananen der Liebe. Wie der FC St. Pauli zum Freudenhaus der Liga wurde

Das Heiligengeistfeld war der Schauplatz des berüchtigten „Hamburger Kessels" – aus der Zeit, als die Polizei noch wußte, wie man mit Demonstranten umgeht. 18 Stunden lang wurden wehrlose Anhänger der Friedensbewegung dort umzingelt; ein leerer, weiter Platz, der damit seine ganze Trostlosigkeit offenbarte. Geht man zum ‚Stadion am Millerntor' neben dem Heiligengeistfeld, dem Stammhaus des FC St. Pauli, hat man zunächst einmal den schweren, dunklen Bunker vor Augen, der überdimensional und sinnlos das Terrain beherrscht: Da bleibt etwas hängen im Unbewußten. Das ‚Stadion am Millerntor' ist eine Kultstätte. Da weht der schärfste Hamburger Wind.

Die Fans des FC St. Pauli sind andere Fans. Sie halten eine konstruktive Fußballbegeisterung wach, die Begeisterung für einen Fußball ohne Verklemmtheiten, ohne Abstriche. Das ‚Stadion am Millerntor' ist zwar auch ein reines Fußballstadion wie etwa der Kaiserslauterner ‚Betzenberg', aber welch ein Unterschied: Hier entlädt sich keine Unlust am Leben in einer Aggression gegen den Gegner, hier werden die Stehplätze nicht aufgepeitscht durch fremdbestimmte Affekte – hier richten sich die Gefühle nur auf die eigene Mannschaft, so differenziert sie auch immer sind. Die Spieler des FC St. Pauli werden bedingungslos angefeuert, egal ob sie gut oder schlecht spielen. Das ‚MillernTor-Magazin', die offizielle Stadionzeitung, blickte bei einem Heimspiel gegen Bayern München auf das letzte Spiel in München zurück. Bayern hatte St. Pauli mühselig mit 2:1 geschlagen, doch die St. Pauli-Anhänger jubelten ihren Spielern zu, als hätten sie den Europapokal gewonnen: „Die Münchner schüttelten den Kopf, sowas haben sie noch nicht gesehen: Die Unterlegenen jubeln und werden bejubelt. Das setzt die Gesetze der freien Marktwirtschaft außer Kraft".

Es ist der Geist des Ortes, des „sozialen Brennpunkts", den dieser Stadtteil für Hamburg darstellt. Das Schanzen- und das

Abb. 14. Wenn Bayern in St. Pauli antritt, dann kämpft Kapital gegen Arbeit. Einmal hat die Stadionzeitschrift gewagt, dies offen auszusprechen. (©: FC St. Pauli)

Karolinenviertel grenzen ans Stadion an, St. Pauli mit der Reeperbahn und dem einst rauhen Seefahrerambiente läßt keine kleinbürgerliche Enge zu. Bilder vom „Schwarzen Block" am Millerntor schreckten den gemeinen ‚Sportschau'-Gucker auf: wie die Hafenstraßenbesetzer und die Autonomen die Totenkopfflaggen schwenkten und ein Lebensgefühl der Piraterie freisetzten, wie der Torhüter Volker Ippig, der einmal eine Zeitlang in der Hafenstraße gewohnt hatte, seine Kumpels mit der erhobenen Arbeiterfaust begrüßte, als würde er gleich anfangen, die Internationale zu singen. Das ist im deutschen Fußball nicht vorgesehen. Aber Volker Ippig weiß: „Ich habe mir das genau angesehen. Die sind wirklich glücklich, wenn wir gewinnen."

Der Aufstieg des FC St. Pauli, der vorher im Schatten anderer Stadtteilvereine wie etwa dem Eimsbütteler SV gestanden hatte, begann 1945 im Zeichen des Schmelztiegels: Die Outcasts, die Flüchtlinge und Einwanderer sammelten sich in Hamburgs sozial schwächstem Stadtteil, der Verein sog die verschiedensten Kulturen und Strömungen auf. Die Schlachterei Miller in der Wexstraße wurde die Quelle des Erfolgs: Schlachtersohn Karl Miller war als Soldat in Dresden gewesen, zwangsläufig mit dem berühmten Dresdner SC in Berührung gekommen und brachte wichtige Spieler von dort einfach mit: Walter Dzur, Heiner Schaffer, Heiner Hempel, Fritz Machate und Heinz Köpping. Sogar Helmut Schön, der spätere Bundestrainer, war eine Zeitlang mit von der Partie: Es gab in Dresden wenig zu essen, und bei Karl Miller stand ein Wurstkessel.

Das Fremde war immer Alltag auf St. Pauli. Da gibt es etwa den Fan Theodor Vetter, „Tattoo-Theo", einen erfahrenen Seemann, der von sich sagt: „Ob Shanghai oder Rio – überall, wo wir die Leinen anlegten, sammelte ich leichte Mädchen und Tätowierungen." Der Mann hat elf Kinder von zehn Frauen, und nach den Spielen fegte er ohne Bezahlung die leeren Bierbecher von den Rängen. Berühmt geworden bei der St. Pauli-Klientel ist seine Aktion, nachdem Uli Hoeneß über den Millerntor-Rasen gesagt hatte: „Auf diesem Rübenacker kann man doch nicht anständig Fußball spielen!" Tattoo-Theo machte sich mit einem Zentner Rüben, den er auf dem Gemüsemarkt für 288 Mark erstanden hatte, auf nach München, um sie Hoeneß als „neue Ernte vom Millerntor" zum Verzehr zu überreichen.

Die Hamburger ‚Morgenpost' bejubelt auch Charlotte Libuschewski, die Putzfrau der Hamburger Edeldirne Domenica: Sie hängte beim Aufstieg von St. Pauli selbstgenähte braunweiße Fahnen, die Vereinsfarben, aus dem Zimmer und nötigte Domenica das Kompliment ab: „Die Charlotte ist der größte Fan aller Zeiten!"

Auf der Mitgliederversammlung 1991 faßte der Verein einen für deutsche Proficlubs einzigartigen Beschluß: Der Ordnungsdienst schreitet gegen rassistische Schreier und Transparente sofort ein, wer sich nicht fügt, bekommt Stadionverbot. Die Fanbetreuung ist bei St. Pauli beispielhaft – gerade im Vergleich zum „großen" HSV nebenan: Der überwies dem Hamburger Verein ‚Jugend und Sport' für die Fan-Betreuung 15 000 Mark pro Jahr und wollte selbst dies 1992 nicht mehr tun, St. Pauli machte für das vom DFB unterstützte Projekt dagegen 90 000 Mark locker. Sven Brux, der vom Verein bezahlte Fanbeauftragte und Initiator des Fanladens, stellt fest: „Durch unsere Aktionen sind Leute animiert worden, ins Stadion zu gehen, die sich früher überhaupt nicht für Fußball interessiert haben".

Werner Langmaack, verantwortlicher Redakteur des „MillernTor-Magazins' und Herausgeber des Buchs ‚FC St. Pauli – Glaube, Liebe, Hoffnung', weist darüber hinaus auf einen Funktionär wie den Vizepräsidenten Christian Hinzpeter hin: So einen, „der vor der Funktionärstätigkeit fünf Jahre in der Gegengeraden des Millerntor-Stadions gebrüllt, gelitten und getrunken hat, gibt es in keinem anderen Profiverein." Hinzpeters Aufgabe ist dezidiert, die „Fanarbeit zu aktivieren und zu kultivieren." Im Interview mit Langmaack meint er denn auch, daß sich „Spieler und Funktionäre" im Profifußball normalerweise „von den Zuschauern abschotten" und erklärt: „Das war am Millerntor nie so, was auch schon durch bestimmte bauliche Besonderheiten begünstigt wird. Zum Beispiel müssen die Spieler vor und nach dem Spiel durch die Vereinskneipe.

Bei so viel handfester Berührung mit den Fans kann Hochmut gar nicht erst entstehen".

Die goldene Zeit des FC St. Pauli waren die Jahre unter Trainer Helmut Schulte, dem mit 33 Jahren jüngsten Bundesliga-Trainer überhaupt. Es waren die Jahre des „Millerntor-Roars", als Spieler wie André Golke, Dirk Zander, Hansi Bargfrede, Michael Dahms, Jens Duve und André Trulsen sich auf dem Rasen förmlich zerrissen und die Auftritte im ‚Wilhelm-Koch-Stadion', wie das Stadion am Millerntor offiziell heißt, zu wahren Orgien machten. Schulte war nur durch eine ABM-Maßnahme zum FC St. Pauli gekommen, jahrelang war er Co-Trainer gewesen, und als Willi Reimann im Herbst 1987 für eine Ablösesumme von 300000 Mark als Trainer zum HSV ging, begann der rauschhafte Aufstieg des FC St. Pauli unter Helmut Schulte. Gleich im ersten Spiel unter seiner Leitung gewann man beim bis dahin zu Hause ungeschlagenen Rot-Weiß Oberhausen mit 6:1, und als Dirk Zander am 29. Mai 1988 in der 29. Minute in Ulm das 1:0 köpfte, stand der Aufstieg in die erste Liga fest.

Das Publikum am Millerntor wuchs über sich hinaus. St. Pauli wurde überall als der sicherste Abstiegskandidat gehandelt, und die Mannschaft bestand auch nicht gerade aus Supertechnikern – doch der Kampfgeist war unbeschreiblich, das Zusammengehörigkeitsgefühl in der St. Pauli-Familie so groß wie nie. Da reiste der VfB Stuttgart an, verlustpunktfreier Spitzenreiter, führte auch mit 1:0 und war spielerisch, wie die St. Paulianer neidlos anerkannten, deutlich überlegen, doch dann bog St. Pauli das Ganze noch um. Jürgen Klinsmann war ganz entgeistert: „Da haben wir ein Spiel sicher in der Hand. Und dann kommen diese frechen Jungs und hauen uns die Dinger rein." Und Helmut Schulte stellte bei seinem Publikum eine ganz eigenartige Entwicklung fest: „Die bekamen ein richtiges Faible dafür, uns anzufeuern, wenn wir schlecht spielten".

Triumphal wurde die erste Bundesligasaison als Tabellenzehnter abgeschlossen. Und auch in der Saison 89/90 kämpfte sich St. Pauli auf den dreizehnten Platz. Der junge Schulte wurde zum Synonym für St. Pauli, und als dann Bayern München kam, holte man am Millerntor zum ganz großen Schlag aus. Das ‚MillernTor-Magazin‘ titelte für diese Begegnung mit der Schlagzeile ‚Der Klassenkampf‘, was Uli Hoeneß so erboste, daß er das Verteilen der Stadionzeitschrift verbieten ließ. Helmut Schulte wußte im Innern des Heftes präzise zu definieren, wer da gegeneinander kämpft: „Das ist doch klar: Kapital gegen Arbeit!“ Man hätte dreimal, viermal soviel Karten verkaufen können wie die gut zwanzigtausend, die halt für das ‚Wilhelm-Koch-Stadion‘ das Maximum sind, doch den Fehler, ins anonyme Volksparkstadion des HSV, der den Bayern doch recht ähnlich ist, am Stadtrand auszuweichen, um mehr Eintrittsgeld zu kassieren, machte man bei St. Pauli nicht mehr. Bei Spielen im Volksparkstadion hatte die St. Pauli-Atmosphäre doch schmerzhaft gefehlt. Die Fronten sollten klarbleiben, ‚Der Klassenkampf‘ wurde zum begehrten Sammelobjekt.

Und dieser Klassenkampf wurde, die tödlichste Waffe, mit den Mitteln der Ironie weitergeführt: Bei der Begegnung gegen Bayern in der nächsten Saison erschien das ‚MillernTor-Magazin‘ mit dem Titel ‚Hoeneß kommt: Die größte Show der Welt‘ und dem Vermerk: ‚Diesmal garantiert Bayern-freundlich‘. Uli Hoeneß hatte inzwischen einen Schnellkurs in Generalmanagement absolviert und reagierte mit den Worten: „Diesmal haben die Redakteure es besser verstanden, ihre Antipathie gegen uns in Worte zu kleiden.“ Er ging so weit, das ‚MillernTor-Magazin‘ für „eines der bestgemachten Stadionmagazine der Bundesliga“ zu halten. Prompt erschien das Heft in den folgenden Nummern mit einem Gütesiegel auf dem Titelblatt: „Empfohlen von Uli Hoeneß“.

St. Pauli hielt die Liga in Atem. Helmut Schulte wurde zum Gladiator. Wenn er sich auf der Trainerbank vor der Gegengeraden niederließ, kam es zu Ovationen im Publikum. Und weil er einmal verraten hatte, daß die Banane seine Lieblingsfrucht sei – weil bestimmte Eigenheiten von ihr „den Menschen witziger machen“ – wurde er von den Fans mit Bananen beschenkt: mit „Bananen der Liebe“, wie es Werner Langmaack, der bestallte St. Pauli-Chronist, wehmütig im Rückblick nennt. Nicht umsonst nannte auch Volker Ippig, der Hafenstraßenbesetzer-

Torwart, die frühe ‚Velvet Underground' als seine Lieblings-
rockgruppe – die mit der legendären Bananen-LP. Nach den
Pressekonferenzen blieb Schulte einfach sitzen und diskutierte
mit den Fans bei ein paar Bieren weiter. Der Gegenentwurf
zum landläufigen deutschen Fußball nahm immer konkretere
Formen an.

Einer wie Volker Ippig konnte überhaupt nur auf St. Pauli
etwas werden. Anfang 1981 saß das 1963 geborene Talent aus
Lensahn in Ostholstein zum erstenmal bei St. Pauli auf der
Bank, holte nebenbei am Wirtschaftsgymnasium das Abitur
nach und wohnte bei Otto Paulick, dem Präsidenten, in dessen
Villa an der Elbchaussee. Doch weil Ippig immer mal wieder
Schuldgefühle hatte – etwa, als er mit dem Mannschaftsbus an
einer Brokdorf-Demo vorbeifuhr –, schmiß er das Ganze erst
einmal hin und ging als Aufbauhelfer zu einer Arbeitsbrigade
nach Nicaragua. Dort hob er Fundamente aus und zog Mauern
für ein Gesundheitszentrum in Miguelito am Nicaragua-See.
Bei einem Contra-Angriff in der Nachbarschaft kamen einige
Straßenarbeiter ums Leben. Währenddessen bekam der FC St.
Pauli Abstiegssorgen und telefonierte eine Stunde lang nach
Mittelamerika – „fast hätte ich mich breitschlagen lassen", sagt
Volker Ippig. Aber nur fast. Er erfüllte seinen Arbeitsauftrag
über sechs Monate.

In Nicaragua lernte er auch Simone Borgstede kennen, die
später als Unterhändlerin der Hafenstraßen-Besetzer von sich
reden machte. In eben jener Hafenstraße bezog er dann ein
Zimmer, als er wieder bei St. Pauli spielte und nicht mehr beim
Präsidenten Paulick wohnen mochte. „Es hat Spaß gemacht, in
der Hafenstraße zu wohnen. Dort wird eine ganz andere Form
von Zusammenleben ausprobiert", sagte Ippig später. Doch mit
den Gepflogenheiten in einem deutschen Proficlub kam er nicht
zurecht: „Ich habe das psychisch nicht lange durchgehalten."
Er überwarf sich mit Trainer Michael Lorkowski und zog sich
aufs Land zurück, hat dann „unheimlich durchgehangen". Als
er sich dazu durchrang, wieder beim FC St. Pauli anzurufen,
war dort alles anders geworden: Mit der Schulte-Truppe stieg er
sogar in die erste Liga auf. T-Shirts mit „Volker hört die Signa-

le" wurden für die Fans vom Millerntor bedruckt, er schrieb Musikkritiken für die ‚taz' und lehnte den Lebensstil des Bundesbürgers, der „sich des Geldes wegen total von der Natur abgekoppelt hat", immer deutlicher ab. Und als er wegen seiner Bandscheiben immer größere Beschwerden bekam, stellte er sich in schwarzer Lederkluft in den schwarzen Block und feuerte seine Mitspieler von dort an.

Im Zuge der Bundesliga-Euphorie der Saison 88/89 kam es auch zu einer Konfrontation zwischen Vereinsführung und Fans, die zu einer ungewöhnlichen Auflösung führte. Das Projekt eines „Sport-Domes" auf dem Heiligengeistfeld sollte den FC St. Pauli an die gängigen Gesetze anpassen: eine 500 Millionen Mark teure Kombination aus Mehrzweckhalle und Stadion, die Teil eines größeren Komplexes mit Hotel und Geschäften werden sollte. Vor allem das Präsidiumsmitglied Heinz Weisener, ein Architiket, verfocht diesen Plan. Die Zerstörung des spezifischen St. Pauli-Milieus, so ahnten die Aktivisten, wäre damit vollzogen worden, die Yuppiesierung des Kiezes: Es entstand die einmalige Fan-Szene auf St. Pauli, die im Kampf gegen den „Sport-Dome" erstarkte. Beim Spiel gegen den KSC kam es zu einem fünfminütigen Schweigeprotest, weitere Aktionen folgten, und im Mai 1989 verlautete plötzlich aus dem Präsidium, daß das geplante Mammutprojekt „nicht wünschenswert" sei. Daß eine Vereinsführung nicht selbstherrlich entschied, sondern auf Druck der Basis umschwenkte, war im deutschen Fußballprofiwesen nur auf St. Pauli denkbar.

Aus dem Widerstand gegen das „Sport-Dome"-Projekt ging der ‚Millerntor-Roar!' hervor, das bestverkaufte deutsche Fußball-Fanzine. Es bezieht sich programmatisch auf den Stadtteil mit seinen Wohngegebenheiten und sozialen Strukturen und arbeitet an einem Gegenentwurf zur vorherrschenden „Fan"-Szene in deutschen Stadien. Als die Rechtsradikalen im Spätsommer 1992 in Rostock Randale machten, erschien der ‚Millerntor-Roar!' verspätet. Aber auf der Titelseite war das berühmte Bild des deutschen Trainingsanzugträgers mit Hitlergruß, der seine Hose vollgepißt hat: „Feuchte Träume eines Herrenmenschen". Im Editorial hieß es: „Die Ereignisse in Rostock ließen uns natürlich nicht kalt, so daß wir nach kurzer Überlegung beschlossen haben, zur Demo zu fahren und nicht die Zeitung fertigzustellen".

Im Innenteil konnte man dann aber auch von Aktionen lesen wie „Bücher für Boller": Der Stürmer „Boller" Jeschke hatte doch tatsächlich bekundet, ein Nicht-Leser zu sein, so daß der ‚Millerntor-Roar!' als Organ der Aufklärung seine Leser dazu aufrief, „Bücher für Boller" zu spenden. Es gingen um die hundert Bücher ein, darunter Titel wie ‚Die großen Gesänge – über Lenin, Stalin, Mao Tse-Tung', ‚Verfassungsschutzbericht 1986', ‚Die Frau und der Sozialismus', ‚Essen vom Baum der Erkenntnis – Weibliche Praxis gegen Kultur' sowie, noch in Plastik eingeschweißt: ‚Gefühlsecht – Sexbuch für den lustvollen Hochstapler'. Die Fanzine hielt die Aktion durch, „auch wenn wir nicht so sicher sind, ob die Lektüre von kiloweiser Literatur Boller Jeschke einen Stammplatz bescheren wird".

„Internationale Freundschaftsspiele" wie das am 26. November 1991 gegen Galatasaray Istanbul als „Solidaritätsspiel für die ausländischen Mitbürger in Hamburg" sind nur von der so entstandenen Fankultur her denkbar – die Stadionzeitung erschien aus diesem Anlaß zweisprachig, auf türkisch und deutsch. Und als der DFB entschied, das Heimspiel gegen Hertha BSC aus Angst vor deren rechtsradikalen Fans ins Volksparkstadion zu verlegen, widersetzten sich die harten St. Pauli-Fans auf ihre Weise: Sie feierten eine Party am Millerntor, mit einer Radio-Direktübertragung.

Die Ära Schulte endete in der Winterpause 90/91, in der dritten Bundesliga-Saison. Nach einer 1:4-Niederlage im Vorbereitungsspiel bei Hannover 96 wurde Schulte gefeuert – die Mannschaft stand auf einem Abstiegsplatz, und die Stimmung hatte sich in irrationalen Spiralen gesteigert. Schulte reagierte stilsicher: Er lud die Mannschaft zum Abschiedsessen ins Café Corel in Niendorf ein. Manch einer ahnte es: Dies war der Beginn des Niedergangs. Schulte-Nachfolger Horst Wohlers konnte den Abstieg nicht verhindern. Und Michael Lorkowski, der 1992 mit Hannover sensationell den DFB-Vereinspokal geholt hatte und als neuer Hoffnungsträger ans Millerntor verpflichtet worden war, blieb gar nur 106 Tage dort. Plötzlich ist der Abgrund der Oberliga Nord spürbar. Der Alltag hat St. Pauli eingeholt.

Die Weichen wurden schon am 19. Februar 1990 gestellt. Der langjährige Präsident Otto Paulick mußte sein Amt niederlegen – wegen des Verdachts der „Untreue", er sollte Gelder ohne den dafür nötigen Präsidiumsbeschluß auf eigene Faust ausgeben haben und war für die Sponsoren nicht mehr tragbar. Helmut Johannsen, der eine Zeitlang Vizepräsident war, ein grundehrlicher Mensch, hatte sich schon mit Paulick angelegt, weil er illegale Machenschaften witterte, aber gegen den Volkstribun Paulick, der die Sprache der Fans kannte, zog er den kürzeren. Johannsens Nachfolger Hans Apel, ehedem Finanzminister in Bonn, kam auch ins Straucheln – beim 1:0-Sieg gegen Borussia Dortmund hatte er noch den klassischen Satz ausgestoßen: „Wenn ich schon einmal sterben muß – dann bitte bei so einem Spiel!" Das Finanzgebaren des FC St. Pauli, des Stadtteilsklubs in der Eliteliga des deutschen Fußballs, war und blieb undurchsichtig und führte zu den üblichen Intrigen – wo doch selbst die FAZ, die es als Fachblatt für das Wirtschaften eigentlich wissen müßte, nur ächzte: „Aus der Bilanz des FC St. Pauli werden auch Finanzexperten nicht richtig schlau".

Die Abschiedsrede Otto Paulicks geriet zum Fanal, er wurde genauso gefeiert wie hernach der entlassene Trainer Helmut Schulte: als Volksheld. Paulicks letzte Worte als Präsident, gesprochen am Rednerpult des ‚Schmidt' am Spielbudenplatz, lauteten: „Ich habe zehneinhalb Jahre gerne für diesen Verein gearbeitet. Einen wesentlichen Anteil hatte meine Frau. Sie mag sich damit trösten, daß ich statt der Geliebten FC St. Pauli sonst vielleicht eine andere gehabt hätte". Der Nachfolger Heinz Weisener, millionenschwer, ist CDU-Mitglied und, wie schon bei seiner Wahl offenkundig wurde, „keiner zum Anfassen". Doch seine Millionen werden gebraucht. Da macht es nichts, daß er den Trainer von Borussia Mönchengladbach, Wolf Werner, mit „Guten Tag, Herr Grashoff" begrüßte – mit dem Namen des Gladbacher Vereinsgewaltigen. Werner war erbost: „So alt bin ich noch nicht!" Sven Brux, der Fanbeauftragte des

FC St. Pauli und Mitinitiator des ‚Millerntor-Roar!', des hoffnungsvollsten Dokuments, das an deutscher Fußballkultur der letzten Jahre existiert, sieht die Lage nüchtern: „Dieser Verein besteht nur noch aus tausend Kompromissen zwischen Leuten, die sich im richtigen Leben nur wenig zu sagen hätten".

Der FC St. Pauli – auf dem Weg zu einem Verein wie jeder andere? Es gibt noch Hoffnung. Seppo Eichkorn, der Nachfolger Lorkowskis als Trainer, hat genauso angefangen wie weiland der Gladiator Helmut Schulte: auf einer ABM-Stelle zur Integration von ausländischen Jugendlichen in den Verein.

5. Fußballdeutsche – eine Macht, die von unten kommt.
Türkiyemspor Berlin: Schlaglichter von der nächsten Generation

Es ist kalt geworden im ‚Katzbachstadion', Ende November 1992: die Fans von Türkiyemspor schlagen den Mantelkragen hoch. Sie sind lose verstreut. „241 zahlende Zuschauer" gibt der Stadionsprecher an – Minusrekord in dieser Saison. Es ist das letzte Heimspiel von Türkiyemspor Berlin vor der Winterpause. Der Gegner, der VfB Lichterfelde, ist nicht besonders attraktiv, und die Fans von Türkiyemspor sind erfolgsverwöhnt. Recht verloren zieht sich der Rauch vom Kebabgrill in den grauen Himmel.

Spätetens beim Anpfiff merkt man, daß dies kein Routine-Fußballspiel ist, am vorletzten Spieltag dieses Jahres in der Amateur-Oberliga Nordost-Mitte. Die beiden Mannschaften tragen Trauerflor, und der Schiedsrichter pfeift nach dem Anpfiff sofort ab zu einer Gedenkminute für die Ermordeten von Mölln. Türkiyemspor Berlin ist kein gewöhnlicher Fußballclub.

Wegen Türkiyemspor hat der Deutsche Fußball-Bund seine Statuten ändern müssen. Als die Mannschaft in der Saison 89/90 drohte, in die Zweite Bundesliga aufzusteigen, war die Ratlosigkeit groß – es waren nämlich fast lauter Ausländer, die in dieser Mannschaft spielten, genauso wie bei Türc Gücü München. Aber der Verein hatte sich immer an die Regeln des DFB gehal-

Abb. 15. Die Fußballfeste von Türkiyemspor im Kreuzberger Katzbachstadion waren berühmt: Kebab, Raki und Bauchtanz gehörten zum Spiel wie
der Ball. (©: Jürgen Engler, Berlin)

ten. Also führte man den Begriff des „Fußballdeutschen" ein – wer drei Jahre in der Jugend oder zwei Jahre in der Oberliga gespielt hat, braucht keinen deutschen Paß zu haben, um in der Profiliga eingesetzt werden zu können. Und „Türkiyem", was man mit „meine Türkei" übersetzen könnte, wurde zum Markenzeichen: Berliner Unternehmen nannten sich so, Autoverleihfirmen und Nahrungsmittelvertriebe; der Begriff verselbständigte sich, obwohl er doch nur ein Präfix für einen Fußballclub war. Daß Türkiyemspor dennoch nicht aufstieg, ist eine ganz andere Geschichte.

Es war die letzte Saison in der geschützten Zone Westberlin. Türkiyemspor war mit fast uneinholbarem Vorsprung Tabellenführer, sie brauchten nur noch zwei Punkte aus vier Spielen. Da stellte der Verband fest, daß der Spieler Peter Podkowik, ein Pole, keinen gültigen Spielerpaß besaß. Das heißt: Der Verband hatte einen solchen Paß ausgestellt, und Türkiyemspor hatte sich darauf verlassen. Aber Hertha Zehlendorf, der frühere Verein Podkowiks, machte geltend, daß er diesen Spieler nicht freigegeben habe, und der Berliner Fußball-Verband kam ins Schwimmen. Podkowik hatte in fünf Spielen mitgewirkt; der Verband sagte nun einerseits, daß Türkiyemspor keine Schuld habe, andererseits verfügte er als Kompromiß, daß Türkiyemspor drei dieser fünf Spiele zu wiederholen habe. Ein einmaliger Vorgang: Der Verein wurde bestraft, obwohl man in der Form der Bestrafung schon eingestand, daß das alles eigentlich gar nicht hätte passieren dürfen. Ob der Verband bei einem deutschen Verein schnell mal ein Auge zugedrückt hätte?

Türkiyem hatte diese drei Spiele natürlich gewonnen gehabt; nun, kurz vor dem Ende der Saison, galt es, sie noch einmal auszutragen und insgesamt sieben Spiele in drei Wochen zu absolvieren – das konnte nicht gutgehen. Beim letzten Spiel waren die Spieler stehend k. o. Wenn sie es gewonnen hätten, wären sie Meister geworden. Aber der Gegner war ausgerechnet Tennis-Borussia, der Tabellenzweite. Ein Show-Down. Tennis-Borussia gewann 5:0.

Die Fußballfeste im ‚Katzbachstadion' waren berühmt. Geruch nach Kebab und Raki durchzog die Ränge, in der Pause traten je nach Lust und Laune Bauchtanzgruppen auf. Dreitausend Zuschauer kamen im Schnitt. Es wurden Familienfeste, türkische Volksfeste, mehr als nur ein Farbtupfer in der trostlosen Einsamkeit der Oberliga Berlin. Bei den anderen Vereinen konnte man bei den Heimspielen ungefähr fünfzig Zuschauer und drei Wildkaninchen sehen. Türkiyemspor, 1978 als „Izmirspor" gegründet, wurde sehr schnell der erfolgreichste unter den türkischen Sportvereinen: ein schier unaufhaltsamer Aufstieg von der C-Klasse direkt in die Oberliga. Der Trainer, Bülent Gündogdu, wuchs mit, den Hauptschulabschluß hatte er gemacht und mit 19 die erste Jugendmannschaft trainiert, und in der Landesliga bestand er die A-Lizenz als Trainer.

Im Gegensatz zum ältesten türkischen Verein in Berlin, Türkspor, war Türkiyemspor von Anfang an multikulturell ausgerichtet: „Schon in der B-Klasse wollten wir beweisen, daß Deutsche und Türken zusammen Sport treiben können", sagt Trainer Gündogdu. Türkiyemspor verstand sich als sozialpolitische Einrichtung: Das Drogenproblem, die Jugendkriminalität ist in Kreuzberg Alltag, und Ausländer, als Unterprivilegierte, „rutschen da leichter hinein". Gündogdu meint weiter: „Die besten Ecken in Kreuzberg sind von Spielhallen besetzt! Wir müssen mit den Spielhallen konkurrieren!" Im Gespräch mit Barbara John, der Ausländerbeauftragten des Senats, entwickelte er den Plan, ein Jugendzentrum mit Türkiyemspor aufzubauen, einen Mittelpunkt, der den Jugendlichen eine Identifikation bietet. Direkt neben der Geschäftsstelle des Vereins gibt es nun seit ein paar Jahren dieses gut funktionierende Jugendzentrum, mit Hausaufgabenbetreuung und Freizeitangeboten. Der Sportverein ist zu einem ganz besonderen sozialpolitischen Faktor geworden – und genau das, meint Gündogdu, ist auch der Grund für den sportlichen Erfolg.

Bis 1989 war Türkiyemspor eine Blüte in der multikulturellen Landschaft Westberlins, einer klimatisch besonders begünstigten Zone, eine Art Treibhaus. Dann wurde plötzlich der Glaskasten weggerissen, der rauhe Nordostwind fegte ungehindert durch die Stadt. Türkiyemspor mußte reisen: nach Stendal, nach Thale, nach Dessau, vor allem nach Cottbus. Je nachdem, wen man über diese Veränderungen befragt, fallen die Antworten unterschiedlich aus. Ekmal Akdeniz, Vorstandsmitglied und Sprecher, spricht zuerst bloß über den Fußball: „Wir spielen jetzt gegen Vereine aus der alten DDR, die unter Profibedingungen gearbeitet haben und die im Gegensatz zu uns eine feste Vereinsanlage mit Trainingsmöglichkeiten haben. Magdeburg war ja sogar Europapokalsieger!" Für Trainer Gündogdu stehen allerdings andere Gedanken im Vordergrund: „Cottbus, das ist keine sportliche Rivalität mehr!"

In Cottbus, im ‚Stadion der Freundschaft‘, gab es gezielte Sprechchöre – „Türkenschweine" oder „Ihr stinkt" –, aber im Gegensatz zu den anderen DDR-Clubs wird die Atmosphäre auch von den Gegenspielern und der Vereinsführung der Cottbusser angeheizt: Die Spieler von Türkiyemspor wurden bespuckt, die deutschen Spieler von ihren Gegenspielern als „Verräter" beschimpft. Das Auswärtsspiel in Cottbus war in der ersten Saison der neuen Oberliga-Nordost-Mitte für Türkiyemspor die Hölle: Rechtsradikale zettelten Randale an, der Bus wurde demoliert und mit Steinen beworfen; Reichskriegsflaggen beherrschten das Stadion. Es wurde alles anders bei den Auswärtsspielen: Die Spieler baten ihre Familienangehörigen, nicht mehr mitzufahren, fast keine Anhänger waren mehr dabei. „In Thale", erzählt Alfred Röhring vom ‚Fanclub Kreuzberg‘, „da haben sie die Leute mit Baseballschlägern ins Stadion gelassen", und die zwanzig mitgereisten Türkiyemspor-Fans mußten die zweite Halbzeit in der Spielerkabine verbringen, weil die Polizei den Rechtsradikalen machtlos gegenüberstand. „Das hat mit den Vereinen selbst meistens gar nichts zu tun: bei Spielen von Türkiyemspor werden eben alle Faschos aus den umliegenden Dörfern zusammengetrommelt", sagt Günther vom Fanclub.

Die Gründung des Fanclubs erfolgte als Reaktion auf die neuen, härteren Verhältnisse. „Ein paar Busse, 150–200 Leute kriegen wir immer zusammen", sagt Alfred, und dieses Jahr wären sie von den Jungen aus Thale deshalb auch nicht mehr angegriffen worden. Jungen im wahrsten Sinne des Wortes: „Wenn du von einem Vierzehnjährigen einen Stein an den Kopf bekommst, bist du aber genauso verletzt wie durch einen Erwachsenen", meint Alfred und zitiert die Türkiyemspor-Sprechchöre in solchen Fällen: „Windeln wechseln!" oder: „Ihr seid Deutsche und sonst nichts!"

In Cottbus wurden die Türkiyemspor-Fans dann in der Haupttribüne – „für 12 Mark, die teuersten Plätze" – abgeriegelt: „Wir haben nicht mal 'ne Stadionzeitung gekriegt", sagt Hayri, ein Türke, der in Berlin aufgewachsen ist: „Wenn die Rechtsradikalen dann unbehelligt nebenan brüllen, ist das für uns eine Beleidigung! Wörter sind manchmal verletzender als ein Schlag!" Es kam wieder zu Rangeleien in Cottbus.

Trainer Bülent Gündogdu versucht, vor solchen Bewegungen die Spieler vor allem zur Ruhe zu ermahnen: „Wenn die Spieler den Kopf verlieren, springt der Funke auf die Tribüne über!" Türkiyemspor agierte auch beim zweiten Mal in Cottbus in der ersten halben Stunde ängstlicher, verhaltener als sonst – „da sind rundherum 3000, 4000 Menschen, man ist damit beschäftigt, die Spieler drehen sich um, das ist eine Verunsicherung...". Gündogdu erkannte: „Wir müssen wieder, wie ganz am Anfang in Westberlin, den ersten Schritt tun! Aber diesmal kommt noch etwas ganz anderes auf uns zu." Und er erkennt: „Der einfachste Weg für diese Leute, die mit dem täglichen Leben Schwierigkeiten haben, ist, Ausländer anzugreifen. Diese Leute sind genauso im Stich gelassen wie wir!"

Aber Gündogdu weiß auch von einem bewegenden Moment zu berichten, bei einem Hallenturnier in Brieske-Senftenberg: Am Anfang sei das tausendköpfige Publikum „skeptisch" gewesen und habe sich abwartend verhalten, um die fünfzig Skinheads hätten die Türkiyemspor-Spieler in den Gängen und vor den Umkleidekabinen terrorisiert. Doch die Spieler seien auf das Publikum zugegangen, hätten Prospekte verteilt, und nach dem letzten Spiel von Türkiyemspor hätte die ganze Halle „Türkiyem, Türkiyem" und „Nazis raus" gerufen ...

In der Szene munkelt man, daß die Tage von Gündogdu, dem Vater von Türkiyemspor, gezählt sein könnten. Denn es hat sich etwas verändert bei diesem Verein: Mit dem Erfolg kamen die geschäftlichen Interessen, und im Vorstand sitzen mittlerweile vor allem reiche Geschäftsleute, die den Verein als Aushängeschild benutzen. Der erste Vorsitzende hat, so erzählen die Fans, einige Textilfabriken in der DDR aufgekauft, der Verein sei in den Händen einer „Fleischmafia" – auch Vorstandssprecher Akdeniz betont des öfteren kopfschüttelnd, er habe eine Fabrik in Oranienburg und beschäftige dort 200 Leute, und da behaupteten manche, die Türken würden ihnen die Arbeit wegnehmen ...

„Der Erfolg war für Türkiyemspor bisher nicht das Wichtigste", sagt Gündogdu, der Erfolgstrainer. Der frühere sozialpolitische Ansatz sei nun aber auf der Vorstandsebene geschrumpft zum Satz: „Wir müssen Meister werden!" Gündogdu lehnt „den Erfolg um jeden Preis" jedoch ab, „wenn andere wichtige Sachen darunter leiden".

„In diesem Jahr ist es zum erstenmal passiert, daß nicht alle interessierten Jugendlichen in den Verein aufgenommen worden sind", berichtet Hayri Er: „Es wird gesiebt, und es werden nur noch die genommen, die fußballerisch etwas können." Früher habe Türkiyemspor offiziell an Demonstrationen, etwa gegen die „Republikaner", teilgenommen, nun sei das politische Moment an den Rand gedrängt worden. Dabei ist, laut Hayri, ein Verein wie Türkiyemspor „per se politisch!"

Schon seit längerem gibt es im Verein eine Politfraktion und eine Geldfraktion. Der Abstand von der Vereinsleitung zu den einfachen Mitgliedern hat sich in den letzten Jahren spürbar vergrößert – eine gewisse Lustlosigkeit macht sich breit, und an Bauchtanz bei den Heimspielen im ‚Katzbachstadion' ist im Moment nicht mehr zu denken. „Der Vorstand hat wegen seiner Interessen auch so großen Schiß vor dem Verband – die kriegen richtig Angst, wenn die Türken auf einem Rasenplatz einen Grashalm totgetreten haben!" sagt Hayri. Der Ursprungsimpuls von Türkiyemspor ist angesichts der Betonung des rein Fußballerischen in den Hintergrund getreten.

Türkiyemspor hat, zur Hälfte der Saison 92/93, als Zweiter sieben Punkte Abstand zu Union, dem Ostberliner Club. An die Meisterschaft ist nicht zu denken. „Ein fünfter Platz ist keine Schande", meint der Trainer Gündogdu, „eine Schande ist es, wenn wir das Ganze, das wir die letzten zehn Jahre aufgebaut haben, vergessen!" Seine Mannschaft ist recht verspielt. Gegen den VfB Lichterfelde ist sie technisch klar besser, kombiniert gefällig im Mittelfeld, doch wenn sie vorm Tor ist, kommt sie nicht mehr weiter. Das hauchdünne 1:0 ist ein Zufallsprodukt.

Es fehlt der Vollstrecker, es fehlt der Killerinstinkt.

6. Seitenblicke aus der Fanperspektive

Sie sind braungebrannt und lassen ihre Muskeln wachsen. Sie surfen auf den Starnberger, Boden- und Chiemseen oder an der Nord- und Ostseeküste und scheren sich überhaupt nicht mehr um das, was sonst noch Samstag nachmittag passiert. Sie schwitzen in der Sauna und halten Solarien für die Karibik. Und wenn's gar nicht mehr anders geht, joggen sie wenigstens noch schnell am nächsten erreichbaren Wald- oder Waldvorspiegelungsrand und tun so, als ob nichts wäre.

Das haben die Vereinsbosse der Fußball-Bundesliga damals bestimmt nicht gemeint, als sie den Gewerkschaftsslogan „Samstags gehört Vati mir" so vorbehaltlos unterstützten. Der Ausflug ins Stadion war für den Samstag geradezu programmiert, und daß Vati dem Kleinen in der D-Jugend anhand der Aktionen von Eia Krämer oder Lothar Ulsaß erzählte, wie er es in seiner Jugend getrieben hatte, verstand sich von selbst. Aber inzwischen hat der Samstag ganz ungeahnte Formen angenommen. Die, die immer auf den Stehplatzkurven ausharrten und sich die Kehle wundschrien, treiben nun selber Sport. Und die, die sich auf den Tribünen zeigten und jovial auf die eine und auf die andere Seite nickten, repräsentieren nun lieber woanders. Fußball ist nicht mehr die Leitsportart. Und es bemächtigen sich seiner immer mehr die eher obskuren Kreise.

Leimen – wer hat jemals von einem Fußballverein in diesem Ort gehört? Kein Hauch von Proletariat. Es gibt nur noch Vorgärten. Gerhard Mayer-Vorfelder, Finanzminister des Landes Baden-Württemberg und Präsident des VfB Stuttgart, den viele bereits als nächsten Präsidenten des Deutschen Fußball-Bundes sehen, glaubt die Zeichen erkannt zu haben: Der Fußball müsse sich den neuen Gegebenheiten, den Sportparks, den Squash- und Saunazentren, der Individualisierung und dem Tennis an- passen. Seine richtungweisenden Vorschläge kulminieren in einem Punkt: die Steigerung des Komforts in den Stadien. Mit kahlen Stehplatzkurven wolle heute kein freizeitbewußter Ar- beitnehmer mehr vorliebnehmen – einen erbärmlichen An- marschweg zurücklegen, womöglich noch auf staubigen Sand- pfaden zwischen schütteren Schrebergärten, und dann dem Regen ausgeliefert sein.

Mayer-Vorfelder wollte schon seit Jahren das ‚Gottlieb- Daimler-Stadion' anstelle des ‚Neckarstadions', weil dann Mer- cedes gebührend eingebunden wäre. Die Richtung ist vorgege- ben: Die Zuschauer würden dorthin gehen, wo auch die VIP- Logen sind, wo um das sportliche Ereignis herum noch Sekt- bars und Hummer-Langusten-Nischen locken, durch- und überdacht. Ein Stadion wie das fürstliche in Monaco steht also Modell für das Stadion der Zukunft: Da fährt der Zuschauer direkt unters Stadion ins Parkhaus, im ersten Stock steht ein Kindergarten bereit, die immer weniger fußballregen Sprößlin- ge aufzunehmen, und für die Gattin käme das Schwimmbad in Betracht. Der „Bauch" eines Stadions, bisher fast völlig unge- nutzt oder zu höchst dilettantischen Treppenfluchten und Ka- binengängen verkommen, bietet zahlreiche Möglichkeiten, sei- nen Freizeitwert zu steigern.

Eines steht auf jeden Fall fest: Es gibt immer weniger Steh- plätze. Der Welt-Fußballverband will sie ganz abschaffen. Selbst in Kaiserslautern bauen sie jetzt den ‚Betzenberg' so um, daß die Sitzplätze betont werden. Manche freilich, so läßt sich mit Hofmannsthal jammern, sieht man drunten sterben:

Manche liegen immer mit schweren Gliedern
Bei den Wurzeln des verworrenen Lebens,
Andern sind die Stühle gerichtet
Bei den Sibyllen, den Königinnen,
Und da sitzen sie wie zu Hause,
Leichten Hauptes und leichter Hände.

Auf den Stehplätzen stehen die Unteren. Ihnen wird nicht mehr so richtig das Gefühl gegeben, dazuzugehören. Zum Fußball wird man bald nur noch geduckt gehen können.

Der VfB Stuttgart, der Verein jenes Gerhard Mayer-Vorfelder, bietet sich von daher an, denen nachzuspüren, die heute noch als Fans fungieren. Den Betuchteren, die sich immer noch den Fußball zur Imagepflege aussuchen. Und den Unteren, die in verquerer Weise ihre Emotionalität immer noch ausgerechnet an den Fußball hängen und überall mit hinfahren.

Der VfB Stuttgart ist auch deswegen ein gutes Beispiel, weil es nach außen hin so schwierig nachzuvollziehen ist: Hier gibt es keine Aura wie bei anderen Traditionsvereinen, und die Fans sind in ihrer Eigenart auch schwerer zu definieren als andernorts. Im Frühjahr 1989 hatte der VfB Stuttgart seinen größten internationalen Erfolg: Er kam in die Uefa-Cup-Endspiele. Im Halbfinale hatte er Dynamo Dresden ausgeschaltet – ein letztes atmosphärisches Schnuppern des DDR-Gefühls, des deutsch-deutschen Europapokals war da möglich. Und dann ging es gegen den SSC Neapel, der Traum eines jeden Fans: Neapel mit Maradona. Auf der Dresden-Reise, Abenteuer Europacup im Ostblock, blicken wir ins Innerste des Vereins: Edelfans im Edelhotel. Aber nach Neapel ging es dann, wie Ror Wolf schon schrieb, in einer „Busfahrt mit Gesang". Ganz anders allerdings als zu Ror Wolfs Zeiten.

a) Die DDR, das Land der türkisfarbenen Wachstücher

Der Tag beginnt mit Western-Musik. Die ‚Bonanza'-Melodie legt sich über den Frühstücksraum, das hat irgendetwas Triumphierendes, Jubilierendes, eine unantastbare Stärke. Anhaltendes Pferdegetrappel kündet vom Sieg. Die giftpfeilartige „Winnetou"-Musik bringt dann etwas Leises, Unheilvolles hinein. Wer da gegen wen anzurennen beginnt, scheint in der Luft zu liegen: die Bleichgesichter gegen die Rothäute. Ein Kampf auf Leben und Tod, den die in den Trikots von Dynamo Dresden gegen die vom VfB Stuttgart führen werden. Untergründig spürt das die ganze Stadt. Schon am Tag vor dem Spiel ist Dresden gezeichnet.

Abb. 16. Der Fußball und die Fans: Das Verhältnis stimmt nicht mehr (©: Sven Simon, Essen)

Unruhig streift Geschäftsführer Ulrich Schäfer durch die Hotelhalle. Er schüttelt mal die, mal jene Hand, und tut das bei denselben Leuten fünf Minuten später nochmal. „Das erste Tor schreien wir rein, und das zweite schießt Dynamo!" sagt morgens ein Fan im Radio. Die Dresdner Heimstärke ist gefürchtet, Schäfer räumt das ein. „Und das, obwohl es doch in Widerspruch zur seit Jahren verbreiteten Legende steht, die DDR-Mannschaften seien unbeliebt!" protzt das ‚Neue Deutschland‘.

Das ‚Hotel Bellevue‘ steht wie eine neuzeitliche Trutzburg jenseits des Elbufers und richtet seine getönten Fensterfronten auf die rußgeschwärzte ‚Brühl’sche Terrasse‘, auf die Ruine des Königsschlosses und die blasse Silhouette der Semper-Oper. Hier ist der VfB-Troß untergebracht: die Mitarbeiter der Geschäftsstelle, für die das eine Art Belohnung für ihre Überstunden ist, die mitgereisten Journalisten, hundert Edelfans. Und so um die elf Spieler. Zeigt sich mal einer von ihnen versehentlich in der Hotelhalle, ist er sofort umringt von DDR-Fans, die den Trick raushaben, durch den Intershop hereinzukommen; Dut-

145

zende stehen immer vor dem Hoteleingang. Einmal taucht Guido Buchwald ungeschützt auf, als er den Bus zum Training besteigen will: Sofort hängt an ihm eine ganze Traube mit Papierfetzen und sächsisch intonierten „Hier"-Rufen von allen Seiten; kurzzeitig sieht Buchwald so aus, als würde er, wiewohl heftig strampelnd, unter Wasser gezogen.

Das ‚Bellevue' ist eine Enklave in Dresden. Spuren einer anderen Welt sind hier verstreut. Gerichte wie „Sächsischer Schweinebraten" oder „Lausitzer Kaninchenkeule" kosten zwischen 25 und 35 Mark, nur in Westmark natürlich, und geschäftig bis aufdringlich halten die sorgsam kostümierten Kellner dem Gast das jeweilige Gericht vor die Nase, bevor sie es ihm auf den Tisch stellen, vom Chef gelegentlich argwöhnisch beäugt – er fordert das sichtlich als gepflegte Gastlichkeit. Der Speisesaal ist immer voll besetzt, und wenn neue Gäste eintreten, begrüßt sie der Chef freundlich zurückhaltend: „Wollen Sie zuerst ein Bier an der Bar trinken, als Aperitif?"

Die Spieler leben in ihren Hotelzimmern, in ihren Bankettsälen, in den Umkleidekabinen und Massageräumen. Die Stadt ist eine ferne Kulisse. Dresden scheint in den fünfziger Jahren zu leben. Bröckelnde Fassaden, Gabardinemäntel, Stoffhosen mit bläßlichen Karos und Schraffierungen. Bier und Bockwurst an improvisierten Holztischen an der Elbe, über die türkisfarbene Wachstücher gelegt sind. Die Fußgängerzone, die „Prager Straße", ist gesäumt von den Reißbrettbauten der Nachkriegszeit, an denen die Farben ins Milchige verschwimmen. Dennoch entsteht der seltsame Eindruck, daß hier, im zerbombten Dresden, weniger zerstört ist als in Stuttgart: Mahnend stehen die Ruinen, am Schloß wird renoviert, zwischen Zwinger und Albertinum wuchert die Geschichte. Keine Banken und Versicherungen, keine Ladenpassagen und Gourmet-Shops.

Am Tag des Spiels lodern überall die gelben „Dynamo"-Mützen auf. Unbehelligt liegen in der Volksbuchhandlung Heinrich Mann drei Exemplare des neuesten Buchs von Christa Wolf, ‚Sommerstück', auf dem Tisch, während draußen die Fans mit Bierflaschen auf den Bänken sitzen. Es ist zur Zeit Mode, sich alte Wandteppiche, in die röhrende Hirsche und beschauliche

Flußlandschaften grünlich eingewirkt sind, als Umhängetaschen zusammenzunähen.

Plötzlich, auf dem Fußweg unter der Georg-Dimitroff-Brükke, ist in der Ferne eine Gruppe in Trainingsanzügen zu sehen: Die VfB-Spieler sind vom Hotel Bellevue aus direkt auf einen unbehelligten Spazierweg an der Elbe gelangt. Gleich hängen sich ein paar, die gerade auf der Bücke sind, über die Brüstung. „Heil Hitler!" schreien sie.

Das ‚Dynamo-Stadion' ist großräumig abgeriegelt. Nur eine Straßenbahnlinie fährt ohne Halt direkt an der Tribüne vorbei. Langsam beginnt es zu dämmern, und die gelbschwarzen Farben glühen drohend auf. Das Stadion hat kein Tribünendach, Polizisten sind Stützmauern und Absperrgitter zwischen den Stehplatzblöcken. Zwei Stunden vor dem Spiel beginnt auf der fahlroten Aschenbahn eine längst vergessen geglaubte Show, mit Alleinunterhalter Gerd Zimmermann, der mit dem Mikrophon in der Hand über den Rasen geht und die einzelnen Attraktionen bespricht: Wettrennen auf einem Tandem-Fahrrad, ein ‚Adler'-Oldtimer fährt im offenem Verdeck Runde um Runde, die Insassen winken unablässig ins jubelnde Publikum. Ein Drehorgelspieler hat einen Affen auf seinem Gerät sitzen und „gibt ihm Zucker", wie es Zimmermann formuliert. Der ‚VEB Saatgut und Zierpflanzen' hat für die Spielerfrauen zwei Blumengebinde zusammengestellt, die von zwei winkenden Herren herumgetragen und vom Publikum mit Beifall bedacht werden.

Doch die Konfrontation ist unmißverständlich: „Wir wollen den Stuttgartern jetzt mal zeigen, welche elf Namen heute gewinnen!" sagt Zimmermann und übt mit dem Publikum das Aufstellungs-Gedicht ein. Und eine große Torte mit der Aufschrift: „Dynamo ins Finale!" wird den tobenden Stuttgarter Fans demonstrativ als Programmpunkt entgegengehalten. Während des Spiels wird ein bißchen gedrückt: Die Polizistenketten, bewegliche Sperren zwischen den Fanblocks – hundert Schwaben hie, zufällig benachbarte Dresdner dort – geben manchmal ein bißchen nach. Die Fans sprechen dieselbe Sprache. Da macht es besonderen Spaß, ein bißchen den Nahkampf zu proben: „Schlagt die Schwaben tot!" hie, „Russenschweine!" da.

Nach diesem Ausflug ins exterritoriale Gelände trifft man sich in der ‚Bierbar Nr. 15' des ‚Bellevue'. An der Theke grölen einige immer nur „Finale" und „Napoli" und übertrumpfen damit den überforderten Schifferklavierspieler, der sich dennoch tapfer am deutschen Liedgut versucht. Langhaarige Sächsinnen stehen ziemlich nah bei aufstrebenden schwäbischen Geschäftsleuten und machen pro forma hinhaltende Bewegungen. Daneben spricht Willi Entenmann, Co-Trainer beim VfB, ungerührt von der „Übermotivation" der Dresdner, die spielentscheidend gewesen sei.

Ansonsten tut sich wenig in der ‚Bierbar Nr. 15'. Vielleicht, weil sich eine gewisse Umsicht beim VfB bemerkbar macht: Präsident Mayer-Vorfelder, der am Mittag noch von einem „Krug" im berühmten „Grünen Gewölbe" Dresdens gesprochen hatte, aus dem man ständig „saufen" müsse, fuhr direkt nach dem Spiel mit dem Bus der Geschäftsstelle zurück. Die Spieler lassen sich kurz feiern, dann ziehen sie weiter in die ‚Newa-Bar'. Die Spuren sind am nächsten Morgen zu sehen. Die Wildwestmusik droht immer noch, obwohl der Kampf schon längst stattgefunden hat; sie droht immer noch und fingiert Zeitlosigkeit zwischen Ost und West.

b) Die Italiener halten nicht dagegen

Das Auto wackelt bedenklich. Ein grobes Dutzend Halbwüchsiger schubst es von links und rechts, ein paar springen aufs Dach und trampeln drauf herum – die Percussion zu den jubilierenden Lauten, die sie dabei ausstoßen, eine quirlige Vokalfolge mit schnellen abgehackten Rhythmen, und unzählige Vespas fahren vorbei, von denen aus riesige azurblaue Fahnen geschwenkt werden. Die ganze ‚Piazza del Plebiscito' ist erfüllt von einem Hupkonzert, eine vielstimmige Blaskapelle, die virtuos ihre Tonfolgen improvisiert, ein Auf- und Abschwellen aus einem überdimensionalen Blasebalg: Mitternachtsmusik,

Abb. 17. Wenn deutsche und italienische Mentalität aufeinanderprallen: Otto Rehhagel hat keine Chance gegen die Siegesgewißheit des Italieners Orlando (Oktober 1963, Messepokal: Hertha BSC – AS Roma) (©: Ullstein/Bruno Scholz)

ein Ständchen unter offenen Sternen. Etwa zwanzig Nahverkehrsbusse, die sich durch die kurvigen Seitenstraßen winden wollen, sind eingekreist von waghalsig fahrenden kleinen Fiats und den unvermeidlichen Vespas, die wie Ameisen aus allen Ecken zu kommen scheinen. Die Polizisten in den drei großen Polizeiwagen schauen bloß achselzuckend zu. Wäre dies eine Revolution, sie würden überrollt. Doch es handelt sich bloß um ein paar Tausend Fußballfans, die den Sieg von Napoli über Stoccarda feiern. Plötzlich, von einer Minute zur anderen, ist der Spuk vorbei, die Busse fahren weiter, als sei nichts geschehen.

Eine Stunde vorher, das Spiel ist gerade abgepfiffen. Die dreihundert VfB-Fans werden von der Polizei in ihrem Trakt, seitlich unterhalb der weit vorragenden Tribüne, zurückgehalten, bis sich die übrigen Ränge geleert haben. Sie haben etwas Erstaunliches erlebt. Verblüffend ruhig gehen sie durchs Spalier zu ihren Bussen, die eine halbe Stunde nach Spielende bereits wieder nach Stuttgart fahren. Irgendeine Verwandlung ist mit den Fans eingetreten, am Anfang sah das alles noch ganz anders aus.

Dienstag morgen, fünf Uhr. Bis zum Spiel sind es noch fast zwei Tage. Es zieht ziemlich, am leeren Stuttgarter Hauptbahnhof zu dieser Zeit. Die Nacht ist noch nicht ganz leergetrunken, die Augen brennen und müssen ständig gerieben werden, der Kopf begreift das alles nicht ganz. Eine gespenstische Ansammlung beherrscht den Platz. Aus zerknitterten Plastiktaschen lugen rotweiße Fahnen, und die Beteiligten haben ebensolche Jakken an, Jeansjacken zumeist, die mit Abzeichen und Wappen übersät sind und sich über aufschlußreichen Bäuchen und Hüften wölben. Es sind zum Teil schon etwas gesetztere Dreißigjährige dabei, von denen einige seit zehn Jahren mitfahren, überall hin, aber es sind auch ein paar picklige Sechzehn- und Achtzehnjährige dabei, mit einem recht männlichen Habitus, tiefen Stimmen und kurzen Bemerkungen, die keinen Zweifel daran lassen, wer hier Bescheid weiß.

Sie sind die Hartgesottenen, sie bilden den Kern. Im ‚Neckarstadion‘ stehen sie im A-Block. Sie sind es, die übriggeblieben sind von all denen, die mit Sonderzügen nach Neapel reisen wollten. Die fallen aus, weil die Italiener wieder mal streiken. Scharenweise sind die Karten zurückgegeben worden. Eine Busreise, die als Ersatz drohte, wollten viele nicht in Kauf nehmen: Fast zwei Tage vor dem Spiel, an Dienstagmorgen in der Dunkelheit abzufahren, irgendwann um Mitternacht in Rom anzukommen und zu übernachten, am nächsten Tag weiter nach Neapel und direkt nach dem Spiel ohne Unterbrechung zurückzufahren – das ist nur etwas für die Eingefleischten.

Zigarettenrauch zieht duch den Doppeldeckerbus. Die ersten Bierflaschen werden geöffnet. „Nach Ungarn waren wir 28 Leute, da haben wir für 1500 Mark Bier gesoffen. Das war das Größte bisher", sagt Richard. Er ist arbeitslos und immer dabei. Nur nicht in München – „weil einen die Bullen dort fertigmachen". Auf seiner Jacke steht: „Deutschland den Deutschen".

Richard ist aus Heilbronn. Überhaupt fällt auf, daß die Fans überwiegend von auswärts kommen: Vom Vierertisch vorn, auf dem ein Sixpack thront, dringen kehlige oberschwäbische Laute, nebenan kommt es Karlsruherisch, und hinten sind gar zwei aus Bochum. „Wie wird man in Bochum ausgerechnet zum VfB-Fan?" Peter wiegt nachdenklich den Kopf. „Ich war eigentlich schon immer für Stuttgart!" Es muß sich um irgendeine Art von Sehnsucht handeln.

Durch Konstanz, durch die Schweiz, San-Bernardino-Paß, Milano: lange Phasen von Dösen und Stille, unterbrochen von kurzen Biereinlagen. Sämtliche Metaphern werden mit „feinherb" und „frisch" gebildet, soeben aufgekommenen Schlagworten einer Stuttgarter Brauerei. In der Raststätte ‚St. Margarethen', das Tageslicht klettert mühsam in die Augen und macht den Bier- und Zigarettendunst des Busses langsam durchsichtig, laben sich vorsichtige Schweizer am Kaffee, in korrekten Anzügen und bequemen Sesseln, die wie Strandkörbe aussehen. „Bier", stößt einer auf Schwäbisch dem befrackten Kellner an der Theke entgegen. Einige Schweizer tuscheln. „Es wird nur Alkoholfreies ausgeschenkt!" blinzeln sie. Der Schwabe zieht's hinunter und läßt sich nichts anmerken.

Unter den Sitzen liegen die Paletten mit den Bierdosen. Sie sind eine Notreserve, gekühltes Bier in Flaschen hält der Fahrer vorn bereit. „Wenn du mal auf dem Bau geschafft hast, kriegst du 'ne Bierflasche mit 'ner Kelle, mit 'nem Schraubenzieher oder mit dem Metermaß auf!" behauptet Richard. Auf der Raststätte vor Milano kauft sich der Würzburger, der immer wieder davon erzählt, wie der VfB vor zehn Jahren in Würzburg gespielt hat, eine Flasche Rotwein und hat sie auf der Höhe von Florenz ausgetrunken. Vorher und nachher Bier, kurz vor Rom sackt er weg. „Der gibt sich's heut aber", raunt es anerkennend.

Das „VfB", unter rhythmischem Klatschen hervorgebracht, steigert sich bis Rom immer mehr. Ein gefährlicher Stamm von Rothäuten, mit Kriegsbemalung und Schlachtgeschrei; der Bus wirkt viel zu klein, wie ein Käfig für diese unbändigen Gefühle. Plötzlich hupt einer draußen wie wild, und aus einem Fiat auf der Überholspur winken sie mit beiden Armen zu den Fenstern hinaus: ein neapolitanisches Kennzeichen. Sofort rüttelt es im Buskäfig an den Gittern: „Italia, Italia, va fan culo!" – der anale schwäbische Gruß ins genital Italienische gewendet.

Zwischendurch erzählt Franz, der zwanzigjährige Maschinenschlosser aus Maulbronn, von dem, was ihn innerlich gerade am meisten beschäftigt: „Ich hab dem Geschäftsführer Schäfer einen zweieinhalbseitigen Brief geschrieben!" Er ist betroffen von der Art, wie die Karten für das Rückspiel in Stuttgart verkauft worden sind. „Ich bin jedesmal dabeigewesen, seit Jahren Mitglied, aber diesmal hab ich keine Karte gekriegt. Wenn's dann aber wieder nach Trnava oder Tatabanja geht, sind wir wieder recht!"

Mitternacht in Rom, alles hat schon zu. Es bleibt nur das mitgebrachte Bier. Am nächsten Tag, dreißig Kilometer vor Neapel, kontrolliert die Polizei den Bus. Alle müssen ihn verlassen. Zwei zwanzig Zentimeter lange Messer werden eingezogen, das Bier entfernt. Wütende „VfB"-Gesänge antworten. Buhrufe, als der Fahrer den Polizisten, darunter eine attraktive Politesse, ein Tablett mit Plastikbechern voll Kaffee reicht. Auf den restlichen Kilometern reichen sie mit verstohlenen Mienen versteckt gehaltene Bierflaschen herum. Um 15 Uhr endlich das

Stadion. Überall hängen die azurblauen „Napoli"-Wimpel, und die Flutlichtmasten recken sich drohend. Das Kriegsgeheul im Bus wird zum Orkan.

Die Stuttgarter ziehen durch die Stadt. Rotweiß sind sie geschminkt, furchterregend wedeln sie mit ihren Fahnen. Die Stimmen klingen teutonisch, tief, belegt mit dem Bierdunst, der sich im Lauf der Zeit im Bus angesammelt hat. Doch sie prallen an den Italienern ab: „Ah, Stoccarda!" Die lachen, klatschen Beifall. „Was ist das denn?" sagt Franz. Dies ist kein Bundesligaspiel. Die Italiener halten nicht dagegen.

Dafür sind sie im Stadion um so lauter. 90 000. Wenn sie anfangen, wirkt das VfB-Häuflein einsam und verlassen. Und sie fangen an und hören überhaupt nicht mehr auf. „So was hab ich noch nie erlebt", sagt Franz. „Hier ist ja das ganze Stadion so wie in Stuttgart der A-Block!" Gebannt schütteln ein paar die Köpfe und gehen unter im unendlichen azurblauen Fahnenmeer. 90 000 singen, scheinen zu tanzen auf ihre melodische Napoli-Hymne.

Plötzlich ertappen wir uns dabei, wie wir einfach diese Hymne übernehmen, wenn der VfB angreift. Der Schiedsrichter ist zwar furchtbar parteiisch und dieser Maradona ein hinterhältiger Schauspieler, aber das dringt gar nicht mehr durch. „Das muß man erlebt haben!" sagt Franz nochmal, als wir nach dem Spiel durch die Polizeikette gehen. Im Bus warten die zurückgehaltenen Bierpaletten.

IV. Historische Probebohrungen

1. Von Spiez nach Schluchsee. Die deutsche Nationalmannschaft und ihr Schwimmen mit dem Strom

Nein, „elf Freude" sind es keine mehr. Nicht mehr dieser unverwechselbare Augenaufschlag, als Fritz Walter vom „Chef" sprach, das Durch-dick-und-dünn-Gehen und das Schulterklopfen, wenn man am Tresen stand und zum 372. Mal Helmut Rahn fragte: „Sag mal, wie war denn das mit dem dritten Tor?"
Es gibt zwei Eckpfeiler, die das Mannschaftsgefühl und die Spielkultur der deutschen Nationalmannschaft aufs deutlichste markieren: 1954, das Jahr der ersten Weltmeisterschaft, an der die Deutschen teilnehmen durften und gleich Weltmeister wurden, und 1986, das Jahr immerhin einer Vizeweltmeisterschaft, die wir aber alle schon wieder vergessen haben. Denn der Unterschied ist nicht der zwischen Erster-Werden und Zweiter-Werden, der Unterschied ist der eines grundlegenden Mentalitätswandels. Es geht um den „Geist von Spiez" auf der einen und den „Geist vom Schluchsee", sprich „Schlucksee", wie man später zu diesem deutschen Tainingslager sagen würde, auf der anderen Seite. Um bedingungsloses Ärmelhochkrempeln hie, um freudlose Gelage da. Die Weltmeisterschaften 1982 und 1986 signalisieren den Wertewandel – am Schluchsee im Schwarzwald wie auch im Lagerkoller des WM-Quartiers von Mansion Galindo zeigte sich die Dekadenz, die den deutschen Fußball nunmehr prägte; was danach kam, mit der eigenartigen Weltmeisterschaft 1990 als Pegelausschlag dazwischen, sind nur noch Spiegelfechtereien, Rückzugsgefechte. Das Verdienst, dies deutlich gemacht zu haben, gebührt zu gewissen Teilen Toni Schumacher. Harald „Toni" Schumacher, der sich seinen Beinamen nach jenem Toni Turek gab, der der zittrigen Stimme des

Abb. 18. Ein Mann, ein Schuß, ein Tor: Helmut Kohl zu Besuch bei Franz Beckenbauer (©: AP, Frankfurt – Süddeutscher Verlag, München)

Rundfunkreporters Herbert Zimmermann anläßlich eines abgefangenen Winkelzugs von Ferenc Puskas die gewagte Metapher entrang: „Toni, du bist ein Fußballgott!"

Doch der Toni im Tor war nun ein anderer. Schumacher war der unumstrittene Torwart der achtziger Jahre, im psychologisch unvermeidlichen Torwartduell immer eine Nase vorn: Uli Stein, sein Widerpart, biß sich die Zähne aus und schlug über die Stränge. Doch selbst darin, so sollte sich zeigen, war ihm Schumacher noch überlegen. Mit seinem Buch ‚Anpfiff' löste er 1987 ein Gezetere und Gejammere aus, ein finsteres Ringen um die heile Welt des deutschen Fußballs: Schumacher wurde vom Dienst suspendiert, ging ein bißchen in die Türkei, und heute duelliert er sich mit Uli Stein als Schlagersänger, jeden Samstag neu zu verfolgen auf SAT 1.

Elf Freunde waren es keine mehr, am Schluchsee und in Mansion Galindo, und Toni Schumachers Freund wollte danach schon gar keiner mehr sein. Er war der Spielverderber. Plauderte in aller Öffentlichkeit Geheimnisse aus, die man im Zweibettzimmer am Schluchsee verschwiegen glaubte. Ist etwa jemals etwas vom „Geist von Spiez" nach außen gedrungen? Wer teilte da mit wem das Zimmer? Wie viele Flaschen Bier wurden dort heimlich getrunken? Hat einer der Beteiligten nichtgenehmigten Geschlechtsverkehr vollzogen? Kein Journalist war dabei, als die kühnen Pläne heranreiften für den Endkampf im Berner Wankdorfstadion, ein ungläubiges Raunen von außen begleitete den schlauen Plan des Fuchses Sepp Herberger, in der Vorrunde gegen die scheinbar übermächtigen Ungarn mit einer Art Reservemannschaft anzutreten und programmgemäß 8:3 zu verlieren. Kein Privatleben war denen anzumerken, die uns allen 1954 den Glauben zurückgaben, daß wir wieder wer seien.

Toni, der Fußballgott, hatte 1982 ein anderes Gesicht. Einsam stand er an der Torauslinie. Geschnitten von Eike Immel, dem 20000 bis 30000 Mark „aus der Brusttasche" für das Pokalspiel mit seinen Spielerkollegen lugten, geschnitten von Olaf Thon, dessen „Dummheit" für Schumacher so haarsträubend war. Und finster äugte an der Seite auch Paul Breitner, der „soff wie ein Kosake". Der Schluchsee, das war wahrlich ein Schlucksee, und wenn im Mansion Galindo Weltmeister gemacht werden sollten, dann nicht mehr nach dem Motto: Einer für alle. Sondern: Jeder gegen jeden. Schumacher sagte es plötzlich, Schumacher verriet seine Intimfeindschaften dem ‚Spiegel', Schumacher beschmutzte das eigene Nest. Und alles heulte auf.

Denn der Deutsche Fußball-Bund ist eisern. Immer noch hält er den Moralkodex der Zeiten von Helmut Rahn, von Reinhard Libuda oder Rudi Brunnenmeier aufrecht. Der Zeiten, als unter den gerührten Tränen sämtlicher deutscher Stammtische Uwe Seeler das Millionenangebot von Inter Mailand aus der italienischen Profiliga ablehnte, weil es beim HSV ehrlich und kameradschaftlich zuging – wie viele Dreißigjährige heißen heute Uwe! Der Zeiten, als die Zukunft der Bundesligaspieler Tankstelle, Zigarettenkiosk oder Toto-Lotto-Annahmestelle hieß. Obwohl hinten und vorn die Softpornos dräuen, die Fußballfenster in SAT 1 und RTL umstellt sind von den ungelenken

Bewegungen nackter Laiendarsteller aus den siebziger Jahren – Moral muß sein, Interna bleiben Interna, und Berti Vogts will auch nicht zulassen, daß man hinter seine Gardinen guckt.

Was mag der legendäre Helmut Rahn, der mit seinem Schuß aus halblinker Position am 4. Juli 1954 in der 84. Minute uns allen wieder das deutsche Über-Ich zurückgab, was mag der dann beim Meidericher SV verdient haben? Und mit seiner Tankstelle lief es dann auch nicht so sonderlich. Oder Reinhard Libuda, der 1966 im Hampden-Park zu Glasgow in der Verlängerung diesen unglaublichen 35-Meter-Heber wagte, den der Liverpooler Vorstopper Yeats trotz akrobatischen Körpereinsatzes nicht mehr von der Torlinie bugsieren konnte? Kürzlich mußte man in der Zeitung lesen, daß alle „falschen Freunde" Libuda im Stich ließen und er zum Sozialfall wurde. Ganz zu schweigen von Rudi Brunnenmeier, dem leichtlebigen und behenden Mittelstürmer von München 1860: Er war Geschäftsführer der ‚Dolly-Bar', mit ständigem „Zoff im Suff" und danach ein halbes Jahr im Knast. Und er kann sich immer noch nicht erklären, an zwei Frauen hängengeblieben zu sein, „deren Kaltschnäuzigkeit ich bis heute nicht wahrhaben will".

Solche Typen wie Toni Schumacher wissen dagegen, ihr Geld zu verdienen, und sein Manager Schmitz ist auch nicht von Pappe. Als sich Franz Beckenbauer den Bayern-Manager Robert Schwan auch als privaten Manager engagierte, wurde die Zeitgrenze im deutschen Fußball überschritten. Aus den früheren Werbespots des Jahres 1966 weht uns der Geist des Aufbruchs an: „Kraft in den Teller, Knorr auf den Tisch!" So kalkuliert wie der heutige Fußball, so kalkuliert ist auch der Enthusiasmus und die Männerfreundschaft. Die Zeit, als noch die langen Pässe geschlagen wurden, als die Flügelstürmer die Flanken aufrissen und die Garrinchas und Libudas Haken schlugen, die Zeit der Eisenfüße im Sechzehnmeterraum, die Zeit der Leute mit den markanten Backenknochen und dem schütteren Stirnansatz, die Zeit von „Katsche" und „Bulle" Roth ist unwiederbringlich vorbei.

Daß Sepp Herberger und Konrad Adenauer fast austauschbare Galionsfiguren waren, ist offenkundig. Der Führungsstil

Herbergers, der auch schon Reichstrainer gewesen war, entsprach bruchlos der alten deutschen Tradition. Die Jungs, kaum dem Schützengraben entronnen, kommentierten bloß mit: „Alles klar, Chef". Die Vereinsmannschaften waren noch lange nicht der Nationalmannschaft ebenbürtig geworden, im Gegenteil: Man riß sich um dieses Feld der Ehre und stellte alles andere hintan. Herberger tüftelte eigene Trainingsmethoden für seine Schüler aus und schickte ihnen schriftliche Anweisungen. Und die Spieler schrieben zurück, etwa so: „Herr Herberger, ich habe das Pensum, das Sie vorgeschrieben haben, heute zweimal erledigt und fühle mich in der Form, die Sie wünschen. Mit sportlichem Gruß, Ihr Max Morlock".

Nach der Weltmeisterschaft 1954 hatte Herberger die deutsche Nationalmannschaft da, wo er sie haben wollte. Auch Konrad Adenauer begann zu diesem Zeitpunkt, tief durchzuatmen: Das Wirtschaftswunder war voll im Gang, die Burschen waren wieder sauber, ordentlich und hatten den Brisk-Antischuppenhaarschnitt; die Mädels hatten sich an den Herd zurückgezogen und widmeten sich voller Inbrunst der Waschmittelreklame. Man konnte zügig zur Wiederbewaffnung schreiten.

Davon war die Atmosphäre bei der Nationalmannschaft geprägt. Herberger kämpfte wütend gegen die Bestrebungen der spanischen und italienischen Profivereine, den Europapokal einzuführen: Da würden sich die Energien der Spieler unnötig verzetteln und vom Eigentlichen wegführen; Aushängeschild mußte die Nationalmannschaft bleiben. Und sie ist es in Deutschland bis in die achtziger Jahre hinein unangefochten geblieben, ganz im Gegensatz zu solchen Fußballnationen wie Spanien oder Italien: Der Geist von Spiez wirkte nach.

Zur Weltmeisterschaft 1958 in Schweden reisten die ihrer selbst bewußten Deutschen schon wieder mit erhobenem Kopf an – und das Halbfinalspiel gegen Schweden wurde zu einem symbolischen Akt, der den Fußball nur als Vorwand nahm. Die Schweden, deren Spieler nachher im Finale gegen Brasilien nicht den Hauch einer Chance hatten und vor der Spielkunst der Garrinchas und Peles verstummten, heizten den Hexenkessel von Göteborg an; ihre Einpeitscher mit den „Heja-Heja"-Rufen müssen die Deutschen an die Attacken der sowjetischen Stalinorgel erinnert haben. Hier ging es um Existenzielles. Und es war klar, daß der mit Ehrlichkeit und Fleiß den Wiederaufbau forcierende Verteidiger Juskowiak sich der Unterstützung des deutschen Arbeiters gegen die heimtückisch tricksenden Schlitzohren Hamrim und Skoglund sicher sein konnte: Sein Platzverweis aktualisierte die deutsche Opfermentalität – man zog in die Schlacht und nahm den Untergang als Märtyrer entgegen. In den Wochen danach weilte man als Schwede besser nicht in Deutschland: Die zerstochenen Autoreifen waren Legion.

Sepp Herberger stand für das Führerprinzip. Dafür brauchte man sich nicht zu schämen. Und auch für die Journalisten war er unantastbar: Undenkbar, daß der Journalismus von heute da nur den Hauch einer Chance gehabt hätte – der Boulevardjournalismus von heute, in dem sich der Bundestrainer wie mehrere Spieler gleichzeitig als Kolumnisten betätigen. Herberger sah da noch klare Fronten. Und er konnte Pressekonferenzen mit Sätzen wie dem folgenden eröffnen: „Es gibt drei Sorten von Journalisten. Die erscht kann bloß schreiwe, wenn mer gwonne hawe, die zweet bloß, wenn mer verlore hawe, und die dritt kann überhaupt net schreiwe".

Sepp Herberger und Fritz Walter, das war eine Beziehung unter deutschen Männern. Sie hätte so auch im ‚Nibelungenlied' vorkommen können. Fritz Walter sagte nur „Chef" zu Herberger und war sein Medium auf dem Platz. Wenn die anderen von „Muckl" – Herbergers Spitzname – redeten, hörte er weg, und wenn man ihn gar ansprach und den „Muckl" dabei erwähnte, konnte er sehr ernst schauen und sagen: „In meiner Gegenwart bitte nicht".

Die Sache mit den elf Freunden war ein Trutzbund, der nur unter deutschen Bedingungen derart aufgeladen werden konnte. Als Herberger 1964 abtrat, war dies Trutzen den deutschen Fußballern in Fleisch und Blut, ins Unbewußte übergegangen, sie konnten sich lange Jahre auch ohne ihre Vaterfigur an die festgefügten Wertordnungen halten. Spielertypen wie Uwe

Seeler waren eine kongeniale Fortsetzung von Fritz Walter: als reine Helden. Das ungläubige Gesicht, das Uwe Seeler machte, als ihm einer dieser lichtscheuen und verschlagenen uruguayischen Spieler im Viertelfinale 1966 eine Ohrfeige verpaßt hatte, ist eine Ikone geworden: die deutsche Anständigkeit in reinster Form.

In den sechziger Jahren begannen die Deutschen, sich mit Europa abzufinden. Es kam zu Selbstverständlichkeiten: Gastarbeiter begannen, im Alltag aufzutauchen, mit den Franzosen wurde ein Schüleraustausch vereinbart, und nach Italien fuhr man als Erfüllung von Sehnsüchten, an denen der Schlager jahrelang gearbeitet hatte. War manch deutscher Familienvater vorher nur aus seinem Dorf herausgekommen, als er auf der Krim oder am Kaukasus auf den Russen zu feuern hatte, so genoß er jetzt die Fremde als Tourist an der Riviera oder auf Capri. Der Horizont lichtete sich. Ab und an gewährte man sich Lockerungsübungen, manchmal verkniff sich der Deutsche das allzu Verbissene. Ein Hauch von Liberalismus machte sich im Alltag bemerkbar. Das Gesicht dafür als Bundestrainer hieß Helmut Schön.

Der war eine blassere Figur als Herberger, aber er konnte die Früchte des Baumes ernten, den dieser gepflanzt hatte. Es war opportun, ein bißchen hinter die Spieler zurückzutreten. Schön hatte etwas von einem Universitätsprofessor, der ahnte, daß er seinen Studenten nicht mehr wie ein Dämon gegenübertreten konnte. Das Jahr seines Dienstantritts, 1964, markiert eine Schnittstelle in der Geschichte der Bundesrepublik überhaupt: Die alte Zeit, die Zeit des Ärmelhochkrempelns und der Verdrängung, war vorbei, es kündigte sich eine Zeit des Aufbruchs an, der Selbstverwirklichung. „Blauer Himmel über der Ruhr" hieß ein Wahlkampfspruch der Sozialdemokraten 1965: Dies war seiner Zeit weit voraus, doch die sozialliberale Koalition stand als Menetekel bereits an der Wand. Einstweilen holte das Ruhrgebiet zu einem ganz anderen Schlag aus: Borussia Dortmund gewann 1966 als erste deutsche Mannschaft einen Europapokal.

Es war natürlich noch über weite Strecken so, daß der Fußball als eine Angelegenheit unter Gentlemen gepflegt wurde. Zum Kopfball stieg man hoch, als ob man eine Krawatte umgebunden hätte, und in den Zweikampf ging man mit korrekter Körperhaltung, schulmäßig wie beim Geräteturnen. Jeder Spieler hatte seinen Gegenspieler, das Spiel war überschaubar, und man brauchte noch nicht die ganze Zeit über das gesamte Spielfeld hin und her hetzen. Die berühmte Elf Borussia Dortmunds wurde allenthalben noch im bewährten WM-System aufgezählt: zwei Verteidiger, drei Läufer, fünf Stürmer. Siggi Held, Lothar Emmerich und Reinhard Libuda waren wie die Drei von der Tankstelle, wobei damals schon Libuda ein bißchen an den Rand geschoben war und nur durch einzigartige Glücksmomente ins Zentrum der Wahrnehmung treten konnte, wie bei seinem entscheidenden Heber in der Verlängerung.

Mit Borussia Dortmund war dem Wirtschaftswunder endgültig die Absolution erteilt worden. Bei der Weltmeisterschaft 1966 in England, dem ästhetischen Vorschein der Studentenbewegung, trat jedoch auch bereits das vorwärtsdrängende Moment auf, und zwar in Gestalt des Mittelfeldgespanns Haller-Beckenbauer. Plötzlich waren Strukturfragen von entscheidendem Gewicht, die Analyse trat in den Vordergrund, der Spielaufbau. Im traditionellen WM-System hatte es das Mittelfeld nicht gegeben, es trat, personal gebunden, als „Läuferreihe" und „Halbstürmer" auf, und die, die da die Bälle schleppten und die Vorderleute bedienten, waren Wasserträger, ohne sonderlich in Erscheinung zu treten. Die Läuferreihe der Weltmeistermannschaft 1954 hieß etwa Eckel-Liebrich-Mai: die Namenlosen. Die Brasilianer jedoch, die 1958 als Namenlose in Schweden aufkreuzten, warfen alle althergebrachten Schemata über den Haufen; die anderen konnten ruhig Tore schießen, sie selber schossen immer mehr. Es deutete sich bei ihnen bereits das an, was in den sechziger Jahren in Europa als 4-2-4-System definiert wurde, die Entdeckung des Mittelfelds.

„Mittelfeld" statt „Läuferreihe": Das verweist auf den entstehenden theoretischen Diskurs. Doch es ist von zentraler Bedeutung, daß der Anstoß von einem Drittweltland, von Brasilien, kam. Das europäische Erfolgsprinzip machte aus dem vorwärtsdrängenden 4-2-4-System sofort ein windelweiches 4-3-3-System und führte außerdem den sogenannten Libero ein, den „freien Mann": Kaum einer hat jemals über diese fast satirisch anmutende Neudefinition des „freien Mannes" nachgedacht. Der Libero nämlich ist im höchsten Sinn unfrei, nur darauf aus, das gegnerische Spiel zu zerstören – als letzter Mann, als Feuerwehrmann. Seine Rolle ist nur in bezug auf den Gegner definiert, nicht auf etwas Eigenes – Zerstörung des gegnerischen Spielaufbaus als identitätsstiftendes Moment. Hier ist bereits das Prinzip erkennbar, mit dem das entgrenzende südamerikanische Spiel abgeblockt wurde; vorerst aber wirkte der brasilianische Kulturschock, zumal auf das deutsche Spiel, befruchtend. Das Mittelfeldgespann Haller-Beckenbauer war die herausragende Neuerung bei der WM 1966, beim ersten Vorrundenspiel gegen die Schweiz wirkte es wie eine Revolution. Die alten Zöpfe waren abgeschnitten, wie das Wahlkampfmotto der sich nunmehr linksliberal gebärdenden FDP des Walter Scheel lautete, plötzlich herrschte Durchzug. Im Vorfeld der 68er-Bewegung zeigte sich im deutschen Fußball eine aufrüttelnde Neuorientierung.

Man blieb jedoch auf halber Strecke stehen. Daß Franz Beckenbauer, der in dieser Phase nach allen Richtungen hin offen war, von Helmut Schön im Endspiel kaltgestellt wurde, wies schon darauf hin, daß die Deutschen die theoretischen Einsichten sofort wieder ins Pragmatische zurückzuführen gedachten. Im Endspiel wurde Beckenbauer, die treibende Kraft im Mittelfeld mit überraschenden Offensivideen und den ersten Ansätzen des raumöffnenden langen Passes, als Bewacher des englischen Spielmachers Bobby Charlton lahmgelegt: Der „Spielmacher" als Kettenhund des gegnerischen Ideengebers. Daß Beckenbauer später als Libero endete, war hier bereits angelegt. Seine gesamte Energie verpuffte in den folgenden Jahren darin, die Liberorolle freier zu gestalten – eine Sisyphus-Arbeit.

Es war trotz alledem etwas in Fluß geraten in Deutschland. Der Spielaufbau wurde beweglicher, überraschender, die Rollen wechselten, der Raum wurde schneller überbrückt – vom statischen Spiel der fünfziger Jahre entfernte man sich immer rascher. Und plötzlich, 1969, sah man sich mit einem Regierungswechsel konfrontiert. Daß die Ära Willy Brandt von 1969 bis 1974 die fortschrittlichste in der Geschichte der Bundesrepublik war, ist mittlerweile Handbuchwissen – daß in diese Ära allerdings auch die sogenannten „Berufsverbote" für allzu Radikale fielen, zeigt, daß der Zerfall schon in der Entstehung angelegt war. Überall die Einebnung der entstandenen Dynamik, der Positivismus feierte im kritischen Gewand seine Wiederauferstehung. Die Sozialdemokratie förderte Musterdisziplinen wie die Linguistik, die nichts mehr erklären, sondern nur noch feststellen wollte. Der Bewegung wurden die Spitzen gekappt, die Köpfe mit der Unübersichtlichkeit des Faktischen vernebelt, statt sie zur schöpferischen Analyse zu ermutigen.

Als Höhepunkt des deutschen Fußballs gilt der legendäre Sieg im Wembley-Stadion gegen England im Jahre 1972 – im Jahr des abgeschmetterten konstruktiven Mißtrauensvotums gegen Willy Brandt, im Jahr des einzigen fulminanten sozialdemokratischen Wahlsiegs in Deutschland. Daß dieser Höhepunkt ausgerechnet in England stattfand, ist ein nachgetragenes Satyrspiel zur entgangenen Weltmeisterschaft 1966 – eine Wiedergutmachung, die rein ästhetisch daherkam. Der entscheidende Mann dabei war Günther Netzer.

Günther Netzer verkörperte eindeutig das zukunftsweisende Prinzip, im Unterschied zum unentschlossenen Beckenbauer. Und in diesem Sog war selbst der den Rückhalt sichernde Beckenbauer vorübergehend durchdrungen vom spielerischen Umgang mit den Sachzwängen. Doch dem 3 : 1 in Wembley und der Europameisterschaft im selben Jahr folgte der steile Abstieg.

Kaum war Helmut Schmidt Bundeskanzler, verflachte das Spiel, und Deutschland wurde Weltmeister. Die weiträumigen Einwürfe und Steilpässe Netzers wichen einem Kurzpaßspiel Popperscher Provenienz, ein kleinkariertes Umhergeschiebe des Balles im Mittelfeld versuchte lernzielorientiert, das Erreichte zu sichern. Eine Coolness, die der Hitzigkeit des Gefechts abgeschworen hatte, überwältigte die Eleganz. Das Spiel der deutschen Mannschaft bei der Weltmeisterschaft 1974 war mit dem himmelsstürmenden von 1972 nicht mehr zu vergleichen. Niemand, der etwas von der Ästhetik des Fußballs begriffen hat, bezweifelte, daß im Endspiel 1974 Holland klar die bessere Mannschaft war. Daß die Deutschen gewannen, war ein Nachklapp. Aber es war ein Pyrhussieg. Denn das richtungsweisende Spiel war gar nicht das Endspiel, das durch einen herausgeschundenen Elfmeter und durch einen Abstauber Gerd Müllers nur noch die Ideenlosigkeit anprangerte. Das richtungsweisende Spiel fand bereits in der Vorrunde statt, in den Gruppenspielen. Hier verloren die Deutschen nämlich. Und zwar gegen die Deutschen.

Es geschah in Hamburg, am 22. Juni 1974, um 21.03 Uhr. Es war ein halbhoher Einschlag im Netz des Maiersepp. Daß es bei dieser Weltmeisterschaft in Deutschland, mit der BRD als hohem Favoriten, zum ersten und einzigen Länderspiel zwischen der BRD und der DDR kommen würde, war schon Schicksal genug. Nur der Zufall, daß die beiden Mannschaften in dieselbe Vorrundengruppe gelost wurden, ermöglichte diese historische Konstellation. Daß die BRD das einzige Spiel bei dieser Weltmeisterschaft ausgerechnet gegen die DDR verlieren sollte, war ein Zeichen.

Natürlich übte man sich in Understatement, in einem Herunterspielen dieses Showdowns. Da vorher Australien Chile besiegt hatte, war es klar, daß beide deutsche Mannschaften in die Endrunde kommen würden. Die BRD-Deutschen hatten gegen Chile und Australien aber eher mühevoll gewonnen, da flutschte nichts mehr wie bei der Europameisterschaft zwei Jahre zuvor, und die Entscheidung, Wolfgang Overath statt Günther Netzer als Mittelfeldstrategen einzusetzen, hatte schon arge Zweifel ausgelöst. Sicher, Netzer war nach Spanien gegangen, das war zu dieser Zeit fast immer noch so schlimm wie weiland das Abtauchen des Erkenschwickers Horst Szymaniak (der besonders geschäftstüchtig sein wollte: „Auf ein Drittel mehr laß ich mich nicht ein, ich will ein Viertel mehr!") zur sizilianischen Mafia nach Catania –, aber Overath paßte besser zu Beckenbauer, dem unumstrittenen Chef.

Und die DDR war, nach ihrer faktischen Anerkennung durch den Grundlagenvertrag, durchaus ins Rollen gekommen, es war ihre beste Zeit: Der 1. FC Magdeburg wurde 1974 gar Europapokalsieger gegen den AC Mailand, und in seinen Reihen spielte ein Spieler mit, der sich als Trauma ins kollektive Unbewußte der BRD-Bürger einnisten sollte, weil er mit so etwas wie sozialistischer Kargheit, wie Notversorgung zu drohen schien: Sparwasser, Jürgen Sparwasser.

Als es bei Halbzeit noch 0:0 stand, rief Heinz Florian Oertel, der Inbegriff der DDR-Sportreportage, ins Mikrophon: „Oweioweiowei, mein lieber Mann" und „liebe Fußballfreunde, na, was meinen Sie?" Es kam zur 77. Spielminute. Sparwasser vollendete das, was sich die ganze Zeit bereits angebahnt hatte. Heinz Florian Oertel begann, sich zu vergessen: Aus der „DDR-Mannschaft" wurde „die Nationalmannschaft", aus der „Bundes-Elf" eine „BRD-Auswahl". Und DDR-Cheftrainer Georg Buschner ließ aufblitzen, was seine Gesellschaft als die überlegene ausmachen konnte, die klare, knappe Analyse nämlich: „Die drei westdeutschen Sturmspitzen Grabowski, Müller und Flohe nahmen wir, zusammen mit den Mittelfeld-Motoren Hoeneß und Overath, mit scharfer Manndeckung. Was dann noch an offensiver Kraft in Frage kam, nämlich Beckenbauer, Breitner und Schwarzenbeck, stieß in unserem vollgepackten Mittelfeld auf Raumdeckung. Und es hat alles so vorzüglich geklappt, daß ich glaube, von einem verdienten Sieg der Taktik und der Athletik sprechen zu dürfen".

Das bundesdeutsche Gebaren hatte sich dagegen sehr verschwommen ausgenommen. Overath, von dem Helmut Schön durch das Spiel gegen die schwachen Australier geglaubt hatte, er könne ein Spielmacher sein, wurde von seinem Gegenspieler Lauck dermaßen gehetzt und ausgeschaltet, daß in der zweiten Halbzeit die „Netzer, Netzer"-Sprechchöre immer mächtiger wurden. Doch während Overath für Franz Beckenbauer nur eine adäquate Spielfigur war, bedeutete Netzer das Gegenprinzip. Es war von tödlicher Ironie, daß die zwanzig Minuten, in denen Netzer bei dieser Weltmeisterschaft, und es war seine einzige, zum Einsatz kam, ausgerechnet die letzten zwanzig

Minuten gegen die DDR waren. In der 69. Minute wurde er eingewechselt, der Karren war schon tief in den Dreck gefahren, die ganze Richtung war nicht mehr zu ändern – und in der 77. Minute fiel Sparwassers Tor. Die tiefste Demütigung der BRD ging mit dem Opfern Netzers, der Symbolfigur für eine andere Bundesrepublik, einher – ein Schachzug Beckenbauers, der vordergründig aufging und alles nur noch auf seine Person ausrichtete. Nach dem DDR-Spiel ergriff er dann auch nach außen hin die Initiative, stellte die Mannschaft einfach selbst auf und setzte sich in den Pressekonferenzen ostentativ neben Bundestrainer Helmut Schön.

,Warum wir heute siegen': So hieß der Aufmacher der ,Bild'-Zeitung am Tag der Niederlage gegen die DDR. In einem höheren Sinn erwies sich diese Schlagzeile als wahr. Der Sieg der DDR blieb eine rein ästhetische Größe, doch aus dem bundesdeutschen Fußball wurde mit Netzer die letzte Möglichkeit der Subversion getilgt. Die Weltmeisterschaft 1974 war damit bereits die erste Phase des Niedergangs des bundesdeutschen Fußballs – dem Titel eingebrannt blieb die Niederlage gegen die DDR. Von der Weltmeisterschaft 1974 führt ein direkter Weg zur Schmach von Cordoba 1978, als gegen Österreich verloren wurde, und zur Schande von Gijon 1982, als gegen dieselben Österreicher der Fußball in einem abgekarteten 1:0 auf seinen endgültigenTiefpunkt geführt wurde.

1974 brachte aber auch den Durchbruch Franz Beckenbauers. Dieser Mann hat dem deutschen Fußball von da an seinen Stempel aufgedrückt und vergessen lassen, daß es durchaus noch andere Optionen gegeben hätte. Die Zeit zwischen Helmut Schön und Beckenbauer in der Rolle des Bundestrainers wurde dabei ästhetisch stimmig überbrückt: mit Jupp Derwall, einem ästhetischen Vor-Schein Helmut Kohls. Bis zu Kohls faktischer Machtübernahme waren sämtliche Möglichkeiten des selbstbestimmten Spiels, der ästhetischen Eigendynamik ausgelöscht worden. Brave Arbeit und biedere Hausmannskost bestimmten das Geschehen, Männer wie Horst Hrubesch und Hans-Peter Briegel führten das Schlachtroß gegen Schnörkelei und frankophilen Glitter ins Feld.

Mit Beckenbauer als „Teamchef" wurde die Wende dann eingelöst, die achtziger Jahre wurden offensiv: Der smarte Yuppie
ohne Untertöne trat auf den Plan, frisch gefönt stellte man sich
den Kameras. Die Schweißtropfen waren längst unsichtbar gemacht von den Deodorants, den Trockenrasierern, mit denen
auf Plakatwänden posiert wurde, den modisch adretten Pull-
overchen der Interviewszenen im Fernsehstudio: Und all diese
Codes waren maschinenlesbar für die Karteien der beiden ominösen Sportartikelhersteller in Herzogenaurach. Das reine
Identitätsloch, das sich in der Figur des Lothar Matthäus dann
auftat, hat von daher seinen Ursprung: Matthäus stammt aus
Herzogenaurach.

Franz Beckenbauer hat den Smalltalk gelernt und verplappert
sich nicht mehr biedermännisch oder thekenbewußt. Er verplappert sich, wenn ihm die Mechanismen der Macht zu stark
zu Kopf steigen. Keine Vaterfigur mehr, sondern der Chefange-
stellte unter den Spielern – flotten Boys ohne Gesicht, die hin
und her rennen können, die ganze Zeit das Spielfeld rauf und
runter, ohne erkennbar zu sein. Karl-Heinz Förster etwa, der
auf jede Frage so treuherzig Antwort geben kann, daß die po-
tentielle schwäbische Schwiegermutter versucht ist, doch noch
etwas über die Abseitsregel erfahren zu wollen. Und Lothar
Matthäus, die gesichtgewordene Folie, Beckenbauers Muster-
schüler: Er hat aus seinen mittelfränkischen Lauten eine Ver-
lautbarungsroutine entwickelt, die vor den Fernsehkameras gar
nicht mehr weiter auffällt. Die Spieler können mittlerweise glat-
te Wörter bilden, die die vorgeprägten Muster in den Agenturen
wiederholen, Subjekt-Prädikat-Objekt, ohne Inhalt. Jeder un-
vollendete Satz, den ein Gerd Müller aufriß, ist dagegen ein
literarisches Kabinettstückchen.

Die Industrialisierung des Fußballs ging mit der Durchset-
zung einer Managerhaftigkeit einher, bei der das Aufopferungs-
volle, die Einheit von Fußball und Leben, nicht mehr denkbar
war. Das verzogene, narzißtische Aufmucken von Wohlstands-
bengels wie Stefan Effenberg: Das ist geschichtslos und austauschbar. Und als Roland Grahammer, nachdem ihn die Bayern den Nürnbergern abgekauft hatten, den Service dieses Ver-

eins im Vergleich zu den anachronistischen Nürnbergen lobte, beschrieb er unbewußt die Dekadenz: „Da muß man nichts selbst machen." Helmut Grashoff, der langjährige Manager von Borussia Mönchengladbach und Geburtshelfer der legendären „Fohlen"-Elf, hat im Laufe der Jahre den Niedergang am eigenen Leib gespürt: Die heutigen Spieler „treten zwar selbstbewußt auf, nur auf dem Platz sind sie gar nicht mehr selbstbewußt. Die ganze Bundesliga läuft den Sechzehn-, Siebzehnjährigen hinterher. Die Jungs werden mit sehr viel Geld gekauft, kriegen Zucker in den Hintern geblasen, kriegen alles abgenommen, brauchen nicht mehr zu denken, nur noch auf dem Platz." Und das muß schiefgehn.

Bei der Europameisterschaft 1988 in Deutschland gab Franz Beckenbauer seinen Schlüsselsatz zu Protokoll: „Wenn du gewinnen willst, darfst' nicht angreifen!" Das war die Conclusio jenes Denkens, mit dem man sich 82 und 86 ins Endspiel der Weltmeisterschaft gemogelt hatte, ein nochmaliges, vergebliches „Augen zu und durch!" Doch bei den Holländern, die den Deutschen den Garaus machten, waren schon erste Anzeichen jener Möglichkeiten zu sehen, die dem Fußball doch noch einen geheimen Horizont eröffnen können – Spieler wie Rijkaard oder Gullit, die die Selbstauslöschung des europäischen Computerfußballs durchkreuzen konnten – und vier Jahre später von den Dänen eindrucksvoll bestärkt wurden.

Daß die deutsche Elf sich im Laufe eines Turniers immer steigern kann, ist zu einer Art Bauernregel geworden, zu der jeder Moderator mindestens einmal Zuflucht nimmt. Die Matthäus' und die Brehmes sind im Grunde, wenn sie kaserniert sind, doch dieselben Typen wie Fritz Walter und Uwe Seeler – zusammengeschweißt durch den Korpsgeist im Quartier, den Lagerkoller produktiv umsetzend. In der „Turniermannschaft" stecken die deutschen Tugenden, das Turnier ist der Ernstfall, da steht man an der Front, und da geben auch die müdesten Knochen noch mal alles, wenn an die richtige, gemeinsame Sache appelliert wird.

Hinter der glatten Fassade, hinter der Werbung für ‚American Express' und den leeren Sätzen vor den Kameras lauert der deutsche Abgrund. Manchmal, in dramatisch zugespitzten Momenten, wo der Fußball noch an die alte Katharsis gemahnt, wird der Blick darauf plötzlich frei, auf das teutonische Dunkel hinter all der Maniküre. 1990, nach der gewonnenen Weltmeisterschaft, als Beckenbauer für einen kurzen Moment wie ein Philosoph in Trance über den Endspielrasen schritt, gab er den Kern dieser meditativen Anwandlungen preis: „Auf Jahre ist diese deutsche Mannschaft unschlagbar. Es tut mir leid für den Rest der Welt." Und bei der Weltmeisterschaft in Mexiko 1986, in den schwülen Intrigenfluren von Mansion Galindo, kam es zum Aufeinandertreffen des smarten Vorzeigedeutschen Beckenbauer mit dem mexikanischen Juden Miguel Hirsch, der einen besonderen fußballjournalistischen Blick auf die deutsche Geschichte und den Faschismus warf: „Dieser kleine Mexikaner, den sieht man ja gar nicht, weil er so klein ist!" fauchte Beckenbauer. Und auf die neugierige Nachfrage von Dieter Kürten vom ZDF, warum er nicht einfach mal bei diesem Herrn Hirsch nachfragen würde, was er denn so meine, fuhr Beckenbauer fort: „Ja, dann wäre er jetzt schon tot. Da braucht man nur kurz zuzudrücken, dann gibt es ihn nicht mehr".

Deutsche Worte. Von 1954 bis 1986, von Toni Turek zu Toni Schumacher: ein weiter Weg, der aber jene Zonen doch kaum berührt, die Neuland markieren, das unabsehbar Offene, das utopische Aufreißen der Horizonte. Toni Schumachers verzweifelte Befreiungsschläge sind diktiert von denselben Zwängen, die er anprangert: Show zu machen, Schlagzeilen, noch einmal ganz dick abzusahnen. Sein berühmter Satz, nachdem er den Franzosen Battiston im WM-Spiel 1982 gegen Frankreich niedergestreckt hatte: „Sagt ihm, ich zahl ihm die Jackettkronen!" ist von denselben Gesetzen des deutschen Marktes diktiert wie sein Buch ‚Anpfiff‘, mit dem er die Trübsal im Trainingslager offenbart. Der „Schlucksee" als ästhetische Konsequenz des „Geistes von Spiez": Dies aufgezeigt zu haben ist Schumachers Verdienst, ein verqueres Schwimmen mit dem deutschen Strom.

„Der Deutsche", so Beckenbauer in derselben urbayrischen Art, in der Gerhart Polt von „dem Südländer" spricht, der sich nicht wäscht, oder vom „Neger", der zu Weihnachten auch beschenkt gehört, „der Deutsche kann keinen brillanten Fußball spielen wie der Brasilianer oder der Franzose. Das ist ein Ausfluß seines Grundcharakters." Der Deutsche, so fährt er fort, „muß arbeiten, um erfolgreich zu sein, das ist wie im täglichen Leben, wie in der Politik." Und das ist mittlerweile, wie sich zeigt, zu wenig.

Die Spannung verlagert sich auf abgelegene Körperteile wie Meniskus, Adduktoren, Muskelfasern und Achillessehnen. Der Satz, nach dem die Deutschen „arbeiten" müssen, stößt in die offene Wunde. „Wie soll", fragte der argentinische Charisma-Trainer César Luis Menotti, „wie soll ein Zuschauer in den Industrienationen noch Freude am Fußball haben können, wenn ihm im Stadion auch nur die Bedingungen seiner Arbeitswelt geboten werden: Anpassung und nüchterne Berechnung statt Emotion und Risiko? Er wird dem Spektakel eines Tages den Rücken zukehren, weil es keines mehr ist." Und sich dem Tennis zuwenden.

In dieser Gesellschaft wird es immer schwieriger, Fußball zu *spielen*. Der Anteil der Industriearbeiterschaft ist auf 34 Prozent der Erwerbstätigen gesunken. Im selben Verhältnis verliert der Fußball die Chance seines unmittelbaren Ausdrucks. Es ist ein Fußball der kaufmännischen Angestellten geworden, Dienstleistungsfußball, korrekt hinter Schaltern hervorgebracht. Doch das Zinsniveau ist zu hoch. Da entwickelt das englische, schottische oder gar irische „kick and rush" mehr Kreativität, weil sich hier Form und Inhalt noch entsprechen (Jackie Charlton nach dem irischen 0:1 gegen Holland bei der Europameisterschaft 1988: „Okay, trinken wir noch einen!").

Daß es keine „Straßenfußballer" mehr gibt, ist schon zum großen Klagelied in den einschlägigen „Hintergrund"-Berichten geworden. Straßenfußballer tauchten dafür in der Sowjetunion auf, die in der Ära Gorbatschow noch einmal eine Spätblüte erreichte: da wo die Protassows und Demjanenkos irgendwo im Donezbecken gemeinsam im Kohlestaub kickten. Michel Platini, dem nachgesagt wird, daß er das Abgezirkelte seiner Freistöße an lothringischen Telegraphenmasten und nachbarlichen Garagentoren erlernte, sagte schon früh in den achtziger Jahren, daß der „Fußball des Jahres 2000 von den Afrikanern beherrscht" würde, daß dann „die Stars aus der Dritten Welt" kämen. Platini versteht etwas von Fußball.

2. Exkurs: Erst der Sturmlauf, dann der Frust. Die gesellschaftliche Umbruchphase 1968 und ihre Widersprüche

Der 2. Dezember 1967 steht wie ein Mahnmal in der Geschichte der Fußball-Bundesliga. Im Städtischen Stadion in Nürnberg zerlegte die „Club"-Mannschaft den FC Bayern München in seine Einzelbestandteile. Beckenbauer war nicht zu sehen. Gerd Müller kam kein einziges Mal zum Schuß. Und Sepp Maier mußte siebenmal hinter sich greifen. Nach einer Stunde stand es bereits 6:0, in immer kürzer werdenden Abständen landeten die Bälle im Tor. 50. Minute: Flanke von Cebinac, 4:0 durch Brungs. 57. Minute: Starek läßt vier Bayern hintereinander aussteigen, serviert Brungs einschußgerecht den Ball: 5:0. 62. Minute: Starek flankt, Brungs köpft ein: 6:0.

Daß die Bayern dann auch noch Tore schossen, fiel nicht sonderlich ins Gewicht. Ein Schönheitsfehler, der den Blick nicht verstellte auf das Wesentliche: daß nämlich die Opposition vorstieß, eine nicht geplante, eine quasi außerparlamentarische. Das hatte man nicht für möglich gehalten. Das Establishment wankte im Herbst 1967 und dem darauffolgenden Winter. Bayern war immerhin bereits Europapokalsieger und hoher Meisterschaftsfavorit, der „Club" jedoch war in der Saison vorher fast abgestiegen. Trotzdem sah man's eher locker, wie sich etwa der Bayern-Außen Brenninger abmühte und auch noch ein arg abseitsverdächtiges Tor anerkannt bekam – im Hochgefühl ließ man die Zügel schleifen. Da war noch nichts systematisch durchprogrammiert, Begeisterung stand vor Effektivität. Mit dem 7:3-Sieg des Clubs war der Geist des Pragmatismus, der in der Folgezeit so übermächtig wurde, das kühle erfolgsorientierte Spiel der Bayern geradezu exemplarisch auseinandergenommen. Hier wehte der frische Geist der Rebellion, der die

Abb. 19. Selbst die linksradikalen „Rixdorfer Drucker" aus Westberlin –
mit Wolfgang Neuss (am Boden) – zelebrierten im Jahr 1968 den Fußball,
veranstaltet von der Buchhandlung Wendelin Niedlich. (©: Niedlich, Stuttgart)

Grenzen des nüchternen Sachzwang-Denkens ein für allemal aufzeigte.

Hier hätte man weitermachen müssen. Hier hätte man das Übel bei der Wurzel packen können. Doch die 68er-Bewegung war bloß ein flücht'ger Augenblick, ein allzu kurzes Innehalten der Geschichte. Nur für Sekunden loderte das Feuer der Systemveränderung auf, die Nürnberger konkrete Utopie verblaßte. Das Sachzwang-Denken, die Nüchternheit, das Sozialdemokratische sollten die siebziger Jahre prägen, um der Bewegung den Boden unter den Füßen zu entziehen und allmählich wieder den Konservativen Raum zu verschaffen. „Das gegen ihn gespritzte Gift", so sagte bereits Brecht, „verwandelt der Kapitalismus sofort und laufend in Rauschgift und genießt dieses!" Das kühle, arrogante Bayern-Spiel war bereits dabei, sich zu entwickeln, 1967/68 wurde es noch einmal niedergehalten. Aber aus dem Ersterben des Nürnberger Aufflammens konnten die Bayern die Energie für die kommenden Jahre ziehen.

Denn es rächte sich bald für den Club. Schon in der nächsten Saison. Ungläubig blickten sich die Mannen um Nandl Wenauer und Heinz Strehl an am 7. Juni 69 im ‚Müngersdorfer Stadion' zu Köln: welch tiefer Fall. Alles war zusammengebrochen, mit dem Tor Overaths in der 51. Minute. Das Foto, wie der zusammengesackte Horst Leupold weinend das Spielfeld verließ, ging durch alle Gazetten – der Antreiber vergangener Tage, der demonstrierte, wie man blitzschnell von der Abwehr in den Angriff umschaltet. Sie war zerfallen, die sturmbewegte Mannschaft von einst, und verschiedene Fraktionierungen, das individuelle Scharmützel gab den Ton an. Mit dem Abstieg des Clubs war vorweggenommen, was sich in den politischen Kleinkriegen noch ein paar Jahre lang hinquälte. Bitter schmeckte das Gras in Ingolstadt, als sich der Club schon im Herbst 69 zum ersten Spieltag nach dem Abstieg in der Regionalliga Süd wiederfand.

Es ist im nachhinein viel gerätselt worden, was da nun eigentlich genau vorgefallen ist in der Zeit zwischen 1967 und 1969. So etwas hat es weder vorher noch nachher in der Geschichte der Bundesliga gegeben: ein unwiderstehlicher Sturmlauf zur deutschen Meisterschaft im Jahr 1968, von Zukunftsgewißheit getragen, und das Jahr darauf direkt der Abstieg. Welche Perspektiven hatten sich aufgetan! Die Realität bot offene Flanken, und sie stießen hinein wie die Habichte – Zvezdan Cebinac von rechts, Schorsch Volkert von links. Doch wenn man genauer hinschaut, merkt man, daß sich die Szene schon im Jahr 1968 verdüsterte. Was eins schien und nach außen mit einer Stimme sprach, spaltete sich insgeheim immer deutlicher. Mit der Zeit trat hervor, was vom Ruhm des gemeinsamen Kampfes lange überstrahlt worden war: der Hang zur Destruktion. Orientierungslose Splittergruppen blieben übrig.

Schon ganz am Anfang war das zerstörerische Moment gelegentlich hervorgetreten. Da startete das Nürnberger Wiesel Schorsch Volkert nicht, als es im Training einen Paß serviert bekam. „Marschier!" befahl Trainer Merkel. „Den Ball konnte ich sowieso nicht mehr erreichen!" entgegnete Volkert. 500 Mark Disziplinarstrafe waren die Folge. Doch der Sog des Antiautoritären, das richtungslose Spontitum war damit nicht ausgeschaltet. Am 25. März 1968 fehlten Roland Wabra und Außenläufer Heinz Ferschl beim Montagstraining. Sie ergingen sich in kommunehaften, perspektivlosen Gelagen, fielen auf ihre bürgerlichen Ichs mit ihren Süchten zurück. Mit halbstündiger Verspätung betraten sie schließlich in angetrunkenem Zustand den Platz und waren nicht in der Lage, am Training teilzunehmen.

Trainer Max Merkel war das geheime Zentrum. Er war ein alter Haudegen der Macht, er hielt die auseinanderdriftenden Strömungen zusammen, gab dem Ganzen die einheitliche Richtung. Aber auf die Dauer stellte sich heraus, daß er die Widersprüche nur relativ kurze Zeit überdecken konnte. An Merkel machten sich die Spannungen erst fest. Merkel verkörperte mit seiner militanten Energie das zukunftsweisende Prinzip mit althergebrachten Mitteln, er ragte aus dem Gewesenen in die unmittelbaren Kämpfe hinein, changierte rätselhaft zwischen einem Immer-noch und einem Noch-nicht. Und in Nürnberg stieß er auf eine Befindlichkeit, die begierig alles Neue aufsog, weil man sich wie nirgends sonst nach Veränderung sehnte, und doch ist es in Nürnberg immer so, daß man mit tausend unsichtbaren Stricken an das Alte gebunden bleibt.

Es ist wie immer bei Bewegungen, in denen alles auf eine dominante Führergestalt ausgerichtet ist. Die Revolte barg von vornherein das in sich, was ihren späteren Niedergang ausmachte: das Prinzip des Stalinismus. Wie klein wirkten die ganzen KBW- und KPD- und ML-Führer plötzlich in ihren Referendariaten in der Provinz! Wie klein wirkte Merkel auf dem Minigolfplatz des Kurparks in Bad Mergentheim, nachdem der Club ihn gefeuert hatte!

Merkel dozierte schon zu Beginn des Siegeszugs: „Im Fußball gibt es keine Demokratie. Die beste Regierungsform ist für mich immer noch die Diktatur." Er riß die Entscheidungsbefugnis an sich. Das nominell existierende oberste Gremium mit Vorstandsmitgliedern und ehrenamtlich Tätigen wurde schnell weggewischt. Merkel straffte die Zügel, schuf griffige, klare Parolen, die nur ein Ziel kannten: „Ich will den kürzesten Weg zur Entscheidung. Präsident, Schatzmeister, Trainer, aus."

Der Diktator war wegen seiner Launen berüchtigt. „Mit Zuckerbrot und Peitsche" ging er vor, und seine rauschhaften Exzesse, seine militärisch durchgearbeiteten Visionen hielten die Untergebenen in einem ständigen Wechsel von Verzückung und irrationalem Aufbegehren. „Alle meine Spieler sind zu wenig gelaufen. Sie werden es wieder lernen!" Dieser Spielkommentar Merkels (nach dem 1:1 in Karlsruhe) traf mit leichten Variationen auf sämtliche Spiele zu. Das ist das Los der dogmatischen Sektierer, deren Führergestalten immer diktatorischer werden: das rigide Flugblattverteilen morgens um sechs vor dem Werkstor, die Aussprachen im Hauptquartier, das Einschwören auf eine Linie – hätten sie sich mehr mit dem Fußball beschäftigt, wären ihnen viele Irrtümer erspart geblieben. Nirgends bot sich abseits von Mönchengladbach so offenkundig die Chance einer konkreten Utopie wie in Nürnberg. Doch nirgendwo sonst fehlte dermaßen der Spaß.

Zwischen 1967 und 1969 vollzog sich ein grundlegender Wandel. Das Alte kämpfte unübersichtlich mit dem Neuen; vereinzelte schillernde Momente der Ungleichzeitigkeit machten den Reiz dieser Zeitspanne aus. Der Nürnberger Meistertitel steht wie ein monolithischer Block zwischen den Epochen: das Braunschweiger Provinzerlebnis vorher, die Bayern-Rationalität nachher. Vorher die überschaubare, rollenfixierte Kampfanordnung, mit Schlachtrössern in der Abwehr (Höttges, Luttrop, „Eisenfuß" Peehs) und bulligen Mittelstürmern (Brunnenmeier, Rodekamp, Manni Kreuz), mit Außenläufern und Halbstürmern; danach das moderne, ausdifferenzierte System mit der Entdeckung des Raumes, des Doppelpasses und des freien Mannes. Ein Spieler wie Beckenbauer stieß in dieser Umbruchzeit bei den Altvorderen auf höchstes Mißtrauen: Immer wieder wurde ihm vorgeworfen, daß sein Trikot nach dem Spiel keinen einzigen Schweißtropfen aufweise – eine Metapher, die mit Beckenbauers Person geradezu verschmolz und die Abkehr vom Althergebrachten, den Übergang zum Rechenhaften und Taktierenden kennzeichnet. Der Wandel vom Kampf zum Kalkül, vom Biegen und Brechen zur Raumplanung und zur Konzeption fand unter größten Widersprüchen statt – unter den Optionen befanden sich die Kommunarden-Revolte wie auch das sozialdemokratische Flickwerk. Und das Sozialdemokratische, das war nur für eine überschaubare Übergangszeit der Nutznießer.

Nürnberg bot mit Franz Brungs und Heinz Strehl zwei Rekken der alten kritischen Theorie auf, die am Ende ihrer Karriere standen und der Vollendung zustrebten, abseits der Nationalmannschaft und den aktuellen Tendenzen, von denen sie rasch überholt wurden. Nürnberg war gleichzeitig zu radikal und zu konservativ; man beharrte auf Werten, man mühte sich am richtigen Verhältnis von Form und Inhalt ab. Dies waren notwendige Verrenkungen, um die Bahn frei zu machen für pragmatische Lösungen. Wormatia Worms machte in der Regionalliga Südwest den ersten schüchternen Versuch der Trikotwerbung („CAT" für „Caterpillar"); die Bulldozer-Firma zahlte auch den Ausfall der Fernsehhonorare. Schüchterne Versuche, deren Saat erst sehr viel später aufging: der Modernisierungsschub des Kapitalismus, das unverhoffte Ergebnis der 68er-Bewegung, ist hier symbolisiert. Der Südfrüchtehändler Horst Gregorio

Canellas war in Offenbach in einer Art Handstreich Präsident geworden und schuf für dieses Amt einen ganz neuen Typus: Er war Führer einer aktiven Oppositionsgruppe im Verein gewesen, hatte Flugblätter gedruckt und Propaganda vor Ort gemacht, und er wurde mit dem Aufstieg in die Bundesliga zum Volkshelden. 1972 war er dann der Hauptdrahtzieher im Bundesliga-Bestechungsskandal.

Da blieb etwas auf halbem Weg stehen, kehrte sich stellenweise gar ins Gegenteil um. Geblieben vom lodernden Feuer ist nur die Schlacke, sind die Abfallprodukte. Ein leises Sehnen macht sich manchmal bemerkbar – nach Zeiten, in denen was los war.

Es gibt allerdings ein paar Anhaltspunkte, warum das, was Ende der sechziger Jahre gärte, nur so verquer zum Durchbruch kam. Die Lust, mit der die überkommenen Strukturen angegangen wurden, war eine hart erkämpfte, sie genügte sich nicht selbst. Immer war auch etwas Verkrampftes dabei, etwas Kopflastiges, Zähes. Man verzettelte sich und überließ sich nicht den Ursprungsimpulsen. Das Bedürfnis nach Lust und Schönheit war bewußt, aber die Hemmschwellen erwiesen sich als allzu stark. Wie schrieb doch die Presse nach dem 0:1 des amtierenden Deutschen Meisters Eintracht Braunschweig im Spätherbst 1967 im Europapokal bei Rapid Wien: „Die Mannschaft kann viel, sie ist technisch beschlagen, die Spieler verstehen einander – und doch fasziniert sie nicht." Dies ist die Wurzel allen Übels: „Eintracht Braunschweig gleicht jener Sorte schöner Mädchen, denen man alle Vorzüge nachrühmt, und doch dreht sich kein Mann nach ihnen um. Es fehlt an Sex-Appeal." Das stand so in der ‚Welt'. Auch Lothar Emmerich glückte am Rosenmontag 1967 die sexuelle Befreiung nicht ganz: Emma, der am 17. Februar 1968 sein hundertstes Tor in der Bundesliga schoß – 71 davon mit der „linken Klebe", 10 mit dem rechten Fuß, 15 per Kopf und „vier mit anderen Teilen seines Körpers", wie es der ‚Kicker' recht unheilschwanger formulierte.

Im Sommer 1967 wurde Emmerich vom Amtsgericht Dortmund mit einer Geldstrafe von 5000 Mark belegt. Er hatte am

Rosenmontag eine Verkäuferin aus Varel (Friesland) gegen ihren Willen in seinem Wagen entführt und geküßt.

Die Lehren, die an den Universitäten auf breiten Widerhall stießen, wurden nicht konsequent umgesetzt. Der Karlsruher SC hatte immerhin einen Professor als Trainer verpflichtet, den Straßburger Dozenten Paul Frantz. Außerdem besaß er einen Spieler namens Kafka. Trotzdem stieg er ab. Das ganze Ausmaß der Vergeblichkeit zeigte sich am 17. November 1967 im Stuttgarter Neckarstadion beim Spiel VfB Stuttgart gegen Borussia Dortmund. In der Stehplatzkurve wurde ein Transparent enthüllt: „Der VfB grüßt den tapferen Vietcong – Borussia grüßt die Kumpels in Hanoi". Es wurde rasch entfernt. „Wir haben nie den tapferen Vietcong gegrüßt", dementierte der VfB später.

Bei der Suche nach einer entscheidenden Weichenstellung in der Zeit von 1967 bis 1969 stößt man irgendwann auf den magischen Namen Tirana. Was am 17. Dezember 1967 dort, in der Hauptstadt der Volksrepublik Albanien, stattfand, war ein symbolischer Akt. In der Vorrunde zur Europameisterschaft 1968 schied die deutsche Nationalmannschaft durch ein 0:0 gegen Albanien vorzeitig aus. Es ist bisher überhaupt das einzige Mal, daß die Deutschen bereits in der Qualifikation zu einem wichtigen internationalen Wettbewerb ausschieden.

Albanien war das einzige Land neben dem kulturrevolutionären China Mao Tse-tungs, das eisern die Lehren des kompromißlosen Kommunismus hochhielt. Als in den siebziger Jahren China langsam abbröckelte, die „Viererbande" an die Wand gestellt wurde und Maos Bild erblaßte, erstrahlte jenes von Enver Hodscha in Albanien um so heller. Das Scheitern der deutschen Nationalelf war unter diesen Umständen ein Scheitern an sich selber, an der eigenen Zukunft. Es wäre eine nicht wiederholbare Möglichkeit gewesen, die Gelegenheit am Schopf zu packen, der Verkrustung und Verhärtung ein eigenes, spontanes, offensives Spiel entgegenzusetzen.

Albanien sprach eine unverhüllte Warnung aus, indem es schon vorwegnahm, was auch am Ende der deutschen Bewegung stand – bereits kurz später erlagen kleine radikale Gruppierungen (KPD/ML etc.) dem Sog dieses 0:0, suchten das Heil in den wirren, unzugänglichen, gebirgigen Klüften Albaniens. Ihnen hätte mit einem Sieg aller Wind aus den Segeln genommen werden können. Stattdessen hielt sich die Nationalelf raus.

Noch am Vorabend hatten die deutschen Fußballer im Kulturpalast von Tirana ein „Volksballett" gesehen. Ihr Flugzeug war das erste deutsche Flugzeug überhaupt, das in Tirana landete. Das Stadion war lange vorher gefüllt: Die 30 000 Zuschauer waren teilweise zu Fuß stundenlang unterwegs gewesen, um dabei zu sein. Doch die deutsche Mannschaft merkte nichts. 0 : 0 – alles wurde aufgefangen von den Defensivkünstlern, vom holprigen Platz. Overath, Netzer, Küppers – das Mittelfeld blieb matt, nahm das Graue und Diesige der Umgebung an. Sturmhoffnung „Pit" Meyer aus Mönchengladbach, der mit sechs Toren an den ersten drei Bundesligaspieltagen als Torschützenkönig der Zukunft galt, prallte hoffnungslos ab. Hennes Löhr und Siggi Held verzettelten sich. Und zum Schluß hin erschöpfte sich alles in einem kopflosen, zähen Anrennen.

Das Scheitern in Tirana umspielte von Anbeginn das Experiment in Nürnberg, die Selbstaufgabe. Die Chance, mit dem suggestiven Schlag des 7:3 gegen die Bayern eine emanzipatorische, freie Zukunft zu verwirklichen, zerfiel. In einer historischen Schlüsselsituation, die so schnell nicht wiederkehren wird, waren die Grundlagen eigentlich schon gelegt. Aber man traute sich nicht.

3. Die Hoffnung kommt von den Rändern

a) Weltmeisterschaft in Italien 1990: das Prinzip Afrika

Die Italiener hatten schon einmal Bekanntschaft mit den Nobodys aus der Dritten Welt gemacht, und zwar am eigenen Leib: In England 1966 schoß sie schon in der Vorrunde ein Nordkoreaner namens Pak do Ik aus dem Rennen. Und auch die großmächtigen Engländer, die sich als Mutterland des Fußballs 1950 erstmals herabließen, bei einer Weltmeisterschaft

Abb. 20. Wer Fußball sagt, muß seit Sommer 1990 Kamerun sagen: die Lust, im Spiel zu sein – insbesondere gegen den Weltmeister Argentinien (©: Horst Müller, Düsseldorf)

mitzumachen, erlebten ausgerechnet gegen zweitklassige europäische Söldner, die sich „USA" nannten, ihr Waterloo. Daß die „Kleinen" den „Großen" öfter mal ein Bein stellen können, gehörte schon immer zum anarchischen Potential des Fußballs. Dennoch: Die letzte Weltmeisterschaft, „Italia 90", hob das auf eine ganz neue Ebene. Die Großen wurden als Dinosaurier entlarvt.

Die Hoffnung lag in Kamerun. Die Spielernamen aus dem dunklen Erdteil, der sich unserer Erkenntnis und unseren Tabellen noch immer entzieht, bargen jenes Geheimnis, das den Fußball im Innersten ausmacht: Makanaky, Biyik, Milla – überraschende Kehrtwendungen, verwirrendes Kombinationsspiel, der Spaß, am Ball zu sein. Dieser Spaß ist nur da, wenn etwas im Kommen ist.

Mittlerweile ist nur noch Afrika im Kommen. Europa hat das hinter sich. Wo man sich umschaut, sind lauter Endpunkte. Überall sind die Sättigungsgrade erreicht. Vernetzung und Strukturierung, die jedes Rädchen im Getriebe sichtbar und berechenbar machen, sind abgeschlossen. Das hat den Fußball übermannt und bringt ihn an sein Ende.

Nach dem Muster der Digitalsportart Tennis ist mit dem schematischen Plus-Minus-Denken ein erster Schritt gemacht. Die Entscheidung muß immer häufiger durch Elfmeterschießen herbeigeführt werden – nie zuvor wurden beide Endspielgegner einer Weltmeisterschaft auf diese Weise im Halbfinale ermittelt. Daß die Entscheidung im Endspiel ebenfalls durch einen Elfmeter fiel, braucht niemanden mehr zu überraschen.

Weil das so ist, mußte Kamerun irgendwann gegen eine unsichtbare Mauer stoßen. Und ausgerechnet Thatcher-England mußte Kamerun ausschalten. Jeder sah, daß Kamerun „besser" war. Jeder sah, daß da die Herzen klopften, daß der Ball genauso ein Instrument war wie die Gitarre des rastaköpfigen Makanaky abends im Hotelzimmer. Fußball ist in Afrika, Fußball ist in allen „Entwicklungsländern" noch eine Metapher. Wo der Luxus bereits mit ein paar Kickstiefeln anfängt, geht es um Existenzielles. Wie lachte der immer als Mittelfeldregisseur gehandelte Michael Harforth vom Karlsruher Sportclub, als ein gewisser Hernan Medford aus Costa Rica zum Probetraining da war und nicht mal eigene Fußballschuhe vorweisen konnte. Medford lehrte bei der Weltmeisterschaft die Schweden das Fürchten. Von Harforth hat bei einer Weltmeisterschaft nie jemand gesprochen.

Daß Kamerun gegen England verlieren mußte, das ist die Logik von heute. Es hat sich etwas getan in der Welt, seit die Brasilianer 1958 in Schweden mit Pele auftauchten und alle verzauberten. Abwehr interessierte sie nicht: Wenn die anderen ein Tor schossen, schossen sie selber halt deren zwei. Damals war es so, daß im Normalfall der, der besser war, auch gewann. Mittlerweile ist es vielfach umgekehrt.

Die Mannschaft, die spielt, die Lust hat, den Ball zu führen, wird bestraft. Erfolg heißt Ausschaltung der Sinne; Erfolg hat der, der den Spielfluß unterbindet, bei sich und beim Gegner. Noch nie sind weniger Tore geschossen worden als bei „Italia 90". Die rationalen Rasterprinzipien haben gesiegt. England hat sich in Italien genauso durchgemogelt, wie es die Bundesrepublik bei den beiden vorangegangenen Weltmeisterschaften getan hatte. Wie eine George-Grosz-Figur: übersättigt, oft unansehnlich, aber im rechten Moment der rechte Wink.

Auch Südamerika, das lange Zeit eine andere Kultur ins Spiel brachte, ist schon zu lange im Geschäft. Nicht umsonst ist Argentinien das einzige gewesen, was von Südamerika geblieben ist: eben die Mannschaft, die am konsequentesten nicht mehr südamerikanisch spielt. Bei ihrem gelangweilten Hin- und Hergeschiebe merkt man nichts mehr von der lasziven Hitze in den Tango-Vorstädten von Buenos Aires, die jedem die Gelenke ein bißchen biegsamer und schmiegsamer macht und jenen Zauber in die Bewegungen brennt, die den südamerikanischen Fußball zum Mythos gemacht hat. Aber sie spielen jetzt ja alle bei zweitklassigen europäischen Vereinsmannschaften, weil sie aus der brotlosen Kunst aufbrechen wollen. Und deswegen sind die Argentinier die einzigen Südamerikaner, die das Achtelfinale überlebten. Manchmal allerdings rafft sich einer von ihnen auf, so ein kleiner dicklicher, schnellt plötzlich an zwei, drei Gegenspielern vorbei und gibt die entscheidende Vorlage. Irgendein

Durchschnittsläufer schießt dann das entscheidende Tor, einer, der auf einmal allein auf weiter Flur steht, weil alle zu diesem Maradona hinrennen.

Argentinien. Angestrengt grimassierende, in blau-weißes Tuch gehüllte Damen, die blasiert am Spielfeldrand Anhängerschaft markieren – das ist von Südamerika geblieben. Fußball als Kunst, als Performance auch am Spielfeldrand, wo sich die Körper berauschen: Das rächt sich heutzutage. Das Schlüsselspiel war das zwischen Argentinien und Brasilien. Zum erstenmal zeigten die Brasilianer in diesem Spiel, daß sie den Ball woandershin rollen lassen können, als es gemeinhin der Mainstream-Fußballer für angemessen zu halten pflegt. Eine unbegreifliche Lust war auf einmal zu spüren, ein Lauf des Balls, der die Beine der Brasilianer aus eigenem Antrieb zu suchen schien und spielerisch durch die Reihen getragen wurde; ein ums andere Mal krachte der Ball gegen den Pfosten. Ein ums andere Mal endete ein uneinsehbarer Spielzug in sinnloser Weise torlos. Dreimal hatten die Brasilianer in der Vorrunde beschränkt gespielt und 6:0 Punkte gemacht, sich zurückgenommen und nichts von jenem Rauschgift inhaliert, das süchtig macht und woran man letztlich zugrunde geht. Aber gegen die Argentinier vergaßen sie sich.

Eine einzige Zuckung Maradonas genügte. Die blonden, in jenes hemmungslos in die Sinne flirrende Gelb-Grün gekleideten Fans erstarrten. Die ihre Körperlichkeit nicht in Zaum halten wollenden Sambatänzerinnen stockten, ein Filmriß.

Maradona ist die Definition des Fußballs von heute: Er schlägt dann zu, wenn die anderen sich vergessen. Ihm fielen bereits die Deutschen im Endspiel von 1986 zum Opfer: Unansehnlich hatten diese sich ins Endspiel geschlichen, ihre Turniermannschafts-Qualitäten aufgebaut und durch Elfmeterschießen die Begeisterung gelöscht, und dann erzielten sie im Endspiel den Ausgleich zum 2:2. Da passierte es. Zum erstenmal brach bei den Deutschen so etwas wie Spiellust durch. Plötzlich wollten sie ein Tor schießen – dabei hatten sie doch längst verinnerlicht, daß sie so etwas nicht durften, daß sie auf die Fehler des andern zu lauern hatten. Im Rausch des 2:2

entblößten die Deutschen sich, drängten nach vorn. Da stieß Maradona zu.

Es waren zwei Mannschaften 1990 in Italien, die sich gegen das Schicksal des Fußballs wehrten. Sie kamen aus jener Dritten Welt, die noch nicht so recht weiß, was gespielt wird. Kamerun und Kolumbien mußten bereits im Achtelfinale aufeinanderstoßen, um das Gesetz nicht länger zu verwirren. Kameruns Spiel war so ungetrübt, daß sich selbst die Argentinier überrumpelt zeigten und im Eröffnungsspiel, als noch niemand auf etwas vorbereitet war, 0:1 unterlagen. Wie die Spieler aus Kamerun den Ball spielten, konnte man nie und nimmer auf europäischen Trainingsschulen erlernen: Unorthodox tänzelten sie um den Ball, mit breiten Grätschenschritten und unerwarteten Wendungen; sie spielten plötzlich zurück, als alle einen Kurzpaß zur Seite erwarteten, und sie spielten wie aus dem heiteren Himmel den Spieler an, der scheinbar am ungünstigsten postiert war. Und in diesem Spiel genossen sie sich; es machte ihnen eine solche Freude, am Ball zu sein, daß sie das für das höchste Gefühl erachteten und den vollstreckenden Torschuß nicht für so ganz wichtig nahmen. Eher widerwillig schoben sie ab und an den Ball ins gegnerische Tor, und sie taten das bloß in der Gewißheit, daß sie sofort ein neues Spielchen von vorn beginnen würden.

Und was Kolumbien in der ersten Halbzeit gegen die Bundesdeutschen zeigte, war die Sehnsucht nach dem anderen. In der Art, wie der magische Mittelfeldspieler Valderrama die Deutschen mit seinem Kurzpaßspiel ein ums andere Mal ins Leere laufen ließ, war er zu spüren, der Sand unter den Füßen, die Hitze, die träge macht und berauscht. Wie die Schlange dann plötzlich züngelt und das zuerst kaum spürbare Gift hervorzischt, lullten die Kolumbianer die Deutschen erst ein, um auf kaum nachvollziehbaren Wegen vor dem deutschen Tor aufzutauchen, in für europäisch zivilisierte Verhältnisse dramatisch bedrohlicher Weise. Doch Estrada, der Buchwald ständig narrte, war verzaubert. Eine Freundin, eine Schwiegermutter mußte ihn mit dem Fluch belegt haben – er brachte den Ball einfach nicht im Tor unter. Das gelang bloß Rincon in der

92. Minute in indirekter, verspielter Weise: Bodo Illgner mußte dazu die Beine breit machen. Das war das Tor, vor dem er immer Angst gehabt hatte. Und Valderrama schlenzte den Ball dazu aus kürzester Distanz verdeckt herüber.

Valderrama bleibt oft einfach stehen. Mit dem Ball. Jede überflüssige Bewegung kostet zuviel Kraft, rächt sich unter dieser Sonne. Da muß man den Ball langsam, verdeckt nach vorn ins Tor tragen, mit kurzen, gleitenden Zuspielen, die eher nebenbei, aber wie aus der Hüfte geschossen kommen. Und hinten hilft Higuita.

Rene „El Loco" Higuita war eine Vision dieser WM. Wie er Völler aufstachelte und psychisch zerrüttete, war von einer ganz anderen Raffinesse als die Frank Rijkaards, der sich genötigt sah, Völler anzuspucken. Nie hätte Völler ein Tor gegen Higuita geschossen. Fünfundzwanzig Meter vor dem Tor nahm El Loco, „der Verrückte", wie in Zeitlupe den Ball an, direkt neben Völler, machte eine obszön langsame Wendung und zog den Ball dabei mit. Das muß einen Stürmer zermürben. Ruhig wandte sich El Loco, der Torwart aus der Drogenmetropole Medellin, wo man in jedem Augenblick auf alles gefaßt ist, wieder seinem Tor zu. Nie würde ihn jemand überraschen.

Spieler wie Valderrama oder Higuita sind das, was den Fußball noch möglich macht. Sie müssen dort spielen, wo man ihre Bewegungen versteht, sie müssen eingebettet sein in ihrer Umgebung. Sie sind nicht einfach verpflanzbar in europäische Vereinsmannschaften: Dort fehlen die Mitspieler, dort fehlt der Anlaß, auf seine Identität zu pochen. Nur bei den Weltmeisterschaften ist es möglich, daß plötzlich fremde Welten aufeinanderstoßen, noch nicht integrierte Spielweisen aufblitzen. Und das seltene, das Glücksgefühl kann entstehen, daß es keine Selbstverständlichkeiten gibt.

Es konnte nur ein Gegenzauber sein, der Higuita ausschaltete. Ein Afrikaner trat auf, der sich aufs Altenteil auf die Palmeninsel Reunion zwischen Madagaskar und Mauritius zurückgezogen hatte und ab und zu in einer Freizeitmannschaft kickte. Nur einer wie Milla konnte Higuita ebenbürtig sein. In der entscheidenden Phase in der Verlängerung stießen zwei magische Kreise aneinander, und Milla stieß auf den Ball, den Higuita zwanzig Meter vor dem Tor beiseite legen wollte.

Und Kamerun sah sich danach umstellt von lauter Kriegsgewinnlern, vom Fußball der nächsten, der lustlos und restlos vernetzten Zivilisationsstufe, von den Engländern, Jugoslawen, Argentiniern, die alle schlechter gespielt hatten und deshalb weitergekommen waren. Argentinien ist die Selbstauslöschung Südamerikas mit modernster Technologie. England ist der europäische Endpunkt. Nur von der Bundesrepublik konnte England psychisch ausgehebelt werden – ein Endspiel Argentinien-England war eigentlich programmiert gewesen, ein Endspiel zwischen den beiden lupenreinen Endmannschaften, aus denen alles ausgetrieben war, was dem Fußball Leben einhauchen könnte: die ästhetische Eigendynamik, das Sich-Vergessen, die Möglichkeit der Niederlage. Daß England den Deutschen weichen mußte, ist ein Tribut an nachgetragene geschichtliche Entwicklungen. Die deutsche Wiedervereinigung – „es tut mir leid für den Rest der Welt" (Franz Beckenbauer) – entfaltete eine psychische, irrationale Kraft, die der Rechenhaftigkeit der späten achtziger Jahre etwas Neues hinzufügte. Ein paar Sekunden im Leben des Lothar Matthäus reichten aus, um ihn aus der Masse der Gleichgerichteten und Austauschbaren hervorzuheben, ein paar wenige Schritte nach vorn, an ein paar gegnerischen Spielern vorbei, gleich im ersten Spiel gegen Jugoslawien, und dann der schnelle Schuß ins Tor – ein kurzer Moment des Aufflackerns, der eine deutsche Erinnerung an den Fußball war.

Die Federführenden unter den Deutschen hatten dazu noch eine neue Erfahrung gemacht, die Völler, Klinsmann, Brehme, Matthäus, Berthold – sie hatten bei italienischen Vereinsmannschaften das Geld gesucht. Das war in den Postzeiten der achtziger Jahre mit den Leerlaufweltmeisterschaften 82 und 86 noch nicht denkbar gewesen. Die Verbindung der deutschen Endzeitfußballer mit dem italienischen Geldkreislauf brachte einen unbekannten Virus hervor: Die Deutschen bekamen einen Teil der Fußballverrücktheit Italiens ab, was in der Mannschaft der Bundesrepublik etwas freisetzte, das von der Definition her gar nicht mehr vorgesehen war. Vor allem Jürgen Klinsmann fiel dadurch auf, daß er Fußball spielen wollte. Neues war ins Blickfeld geraten, und im Sommer 1990 war man überdies vom Rausch des größeren, einen Deutschland beseelt, von der Versprechung neuer Märkte.

Das Aufreißen der Horizonte indes, ein antikes Grundmuster, wurde den Italienern selbst idealtypisch zum Verhängnis. Ihre Spieler konnten den Mythos, das Schicksal nicht mehr ertragen. Sie beschworen mit dem Anlauf zum Weltmeistertitel im eigenen Land die Geister einer Vorzeit, etwas mühsam Verdrängtes. Über die Gelassenheit Kameruns aber sind sie, auch im Mezzogiorno, schon längst hinausgewachsen. Zu sehr sind ihre Entgrenzungen gebannt in den Terminals der Europäischen Gemeinschaft. Beim Elfmeterschießen gegen die Argentinier barst die historische Last. Vor dem Mythos versagten die Nerven.

Afrika kommt. Das hält die Vision wach. Die Vision vom Fußball als Kunst, von den Sandfußballern und der Verve, die auf der Straße ist. Und Higuita wird seinen Strafraum wieder verlassen. Und Milla wird an der Eckfahne wieder Lambada tanzen.

b) Europameisterschaft in Schweden 1992: das Prinzip Dänemark

Die Dänen sind aus Europa ausgeschert. Aus dem Europa, an dem seit einigen Jahren gebastelt wird und woraus ein monolithischer Block, ein planerfülltes Monstrum werden soll – einheitlicher Wirtschaftsraum, zentralisierte Prozesse, Abkappen der Ränder. Die Dänen haben den Beschlüssen von Maastricht nicht zugestimmt. Es kann kein Zufall sein, daß sie kurz danach Europameister geworden sind.

Diese Fußball-Europameisterschaft in Schweden war ein Spiegel des zusammenwachsenden Europa. Die Spiele gingen unentschieden aus und waren todlangweilig; es fielen keine Tore, es wurden Standardsituationen erprobt. Mannschaften wie England oder Frankreich huldigten dem Prinzip des berechen-

Abb. 21. Die einzige Chance, die Europa noch hat: dem dänischen Swing folgen. Manch deutscher Fan hatte das schon vor dem Endspiel begriffen. (©: dpa)

baren Erfolgs, der wohlkalkulierten Marktmechanismen – solch realitätsgesättigten Sätze wie derjenige, daß es hier „keine Schönheitspreise zu gewinnen" gebe, haben seit jeher keinen Widerspruch geduldet. Erik Cantona, die französische Hoffnung, erklärte: „Wir haben gegenüber dem Publikum doch keine Verpflichtung." Und der Engländer David Platt fügte hinzu: „Wer hier Unterhaltung will, ist fehl am Platz." Doch das Unerwartete geschah: England und Frankreich, die hochgehandelten Mannschaften, schieden bereits in der Vorrunde aus.

Auch die Deutschen waren schon so gut wie ausgeschieden, als die Schotten, die rechnerisch gar keine Chance mehr hatten, plötzlich noch gegen die Russen gewannen. Aus eigener Kraft hatten die Deutschen versucht, mit den Engländern und Franzosen gleichzuziehen: Zäune und Mauern hatten die Deutschen um ihre Behausung gebaut, um Wildwuchs schon im Keim zu verhindern – daß da Gefühle unkontrollierbar würden, daß das

Spiel womöglich eine Eigendynamik entwickeln könnte. Dank der Schotten mußten sie länger herummachen als Frankreich und England.

Bloß die Dänen: Die machten Urlaub. Während die Deutschen schon ihrer traditionellen Kasernierung in Malente frönten und Blut-, Laktat- sowie die in diesem Krabbe-Jahr mit einer speziellen deutschen Melancholie belasteten Urinwerte untersuchten, lagen die Dänen am Strand. Während die Deutschen anhand von Videos ihrer Gegner zusammenzählten, wieviel Sekunden einer mit dem rechten und wieviel mit dem linken Bein am Ball war, und morgens nach dem Aufstehen sofort kalt duschten, um nicht auf andere Gedanken zu kommen, vergnügten sich die Dänen in südlichen Hotelbars: aßen, tranken und taten anderweitig Lustvolles. Und als die Deutschen bereits in ihren Programmen festsaßen und auf klarem Kurs voraus waren, ein paar Tage vor dem Anpfiff in Schweden, da erfuhren die Dänen, daß sie auch mitmachen sollten – denn die Mannschaft „Jugoslawien" gab es auf einmal nicht mehr –, und wurden aus ihrem Urlaub zurückgeholt. Aus dem Stand sollten sie plötzlich Hochleistungsfußball fabrizieren. So etwas geht nicht, sagt man in Europa.

Denn in Europa, da gilt der Fußball als exakt berechenbare Größe. Der einzelne muß ständig über den Platz hin- und herrennen können, seinem Gegenspieler ständig folgen, die „Räume eng machen" und alles Unübersichtliche sofort beharken. Dazu müssen lauter konditionell durchgetrimmte Athleten her – Ästheten oder Denker, die Entdeckung der Langsamkeit oder der lasziv geschlagene Paß ins Freie schaden da. Die Holländer und die Deutschen konnten tatsächlich auch rennen, was das Zeug hielt. Und die Dänen waren in der zweiten Halbzeit, von der Verlängerung gegen Holland ganz zu schweigen, „stehend k.o.", wie die deutschen Kommentatoren regelmäßig versicherten. Doch obwohl sie stehend k.o. waren, gewannen sie. Obwohl sie das ausschweifende Leben in der freien Wildbahn in den Knochen hatten, waren sie den kasernierten und gedrillten Zuchtfußballern überlegen. Wie hektisch, wie unbändig versuchte der holländische Torwart Hans van Breukelen die Dänen im entscheidenden Elfmeterschießen zu verunsichern! Doch dabei machte er nur sich selber fertig. Wie Kim Kristofte, aus dem Stand, mit einer kurzen beherzten Drehung, den letzten Elfmeter verwandelte, ist das Gegenprinzip. Überhaupt spielten die Dänen als Nationalelf so im Rausch, wie sie es als einzelne in deutschen Vereinsmannschaften nie schaffen. Die Folgerung kann nur lauten: Europa muß so schnell wie möglich aus seiner Sackgasse heraus. Es muß dem dänischen Swing folgen. Es muß sich vom zentralistischen, vom eurozentrierten Denken befreien, das derart lähmend wirkt und Innovationen nicht mehr zuläßt.

John Jensen, der das 1:0 für die Dänen im Endspiel gegen die Deutschen schoß, war vorher beim Hamburger SV ausgemustert worden. Er hatte nie viel Aufhebens von sich gemacht und probierte immer mal wieder etwas aus. Im dänischen Lager frozzelte man über den Stammspieler im Sturm: „Der trifft doch nicht mal nen Möbelwagen aus elf Metern!" Trainer Richard Möller-Nielsen riet ihm dann, er solle einfach beim Schießen nicht auf die Tribüne oder auf die Außenbande schauen, sondern „auf die Schnürsenkel". Das leuchtete John Jensen ein. Und damit er es auch ja nicht vergaß, malte er sich „eine Dame", wie er sich ausdrückte, auf den Fußballschuh. Im Endspiel waren dann achtzehn Minuten gespielt, Jensen lief in einen Rückpaß von Flemming Povlsen, und er nahm den Ball schulmäßig mit dem Spann, die Augen fest auf „die Dame" gerichtet: 1:0.

Das deutsche Spiel dagegen ist kein Spiel mehr. Jeder ist ein kleines Rädchen im Getriebe, alle Eventualitäten sind durchexerziert, es kann keine Überraschungen mehr geben. Selbst wenn man einen Zufallsgenerator einbaut, bewegt sich alles auf den längst codierten Feldern des Bekannten. Das Spiel ist an sein Ende gekommen. Zu groß, zu gewichtig, zu unbeweglich ist es geworden, zu eingefahren die Routine des Abendlands.

Die Chancen können nur an den Rändern liegen, da, wo noch nicht alles erfaßt ist. An den Rändern kann man sich leichter entziehen, da gibt es noch subversive Zufluchten – das ist bei den Schotten schon zu spüren, bei den Dänen jedoch, die insgesamt weniger Einwohner haben als allein der Deutsche Fußball-Bund Mitglieder, wird's zum Fanal.

Die neunziger Jahre ließen sich, nach den scheinbaren Gewißheiten der achtziger, erfreulich unberechenbar an. Denn wo Gefahr ist, wächst das Rettende auch.

Drucknachweise

Einigen der in diesem Buch vorliegenden Kapitel gingen Zeitungsartikel voraus, die zum Teil stark erweitert und verändert wurden.

– Toni und seine Freunde. Nicht erst seit Schumacher: Der Fußball ist ein Spiegel gesellschaftlicher Veränderung. In: Die Zeit, 20. 3. 87.
– Das Nürnberger Gefühl. Oder: Wie der Niedergang der Fußballreportage in letzter Minute aufgehalten worden ist. In: Die Zeit, 10. 7. 87.
– Der Ball ist runder. Die Bundesliga hat die Europameisterschaft im Nakken. In: Die Zeit, 22. 7. 88.
– Verdrossen vor den Toren. Bundesliga-Anpfiff: Fußball ist nicht mehr die Leitsportart. In: Die Zeit, 17. 2. 89.
– Dynamisch wie in den fünfziger Jahren. Dresden am Tag des Fußballfiebers. In: Stuttgarter Zeitung, 14. 4. 89.
– Teutonen ohne Gegner. Neapel zähmte die Fans. In: Die Zeit, 26. 5. 89.
– Bonvivant im Frankenland. „Alles von unten aufbauen" – nun kümmert sich der Holländer Arie Haan um den „Club". In: Die Zeit, 11. 5. 90.
– Der Spaß, am Ball zu sein. Italia 90: „Besser" war oft schlechter. In: Die Zeit, 13. 7. 90.
– Bayern für Deutschland. Das Ende einer Epoche / Aus dem Leben der Fußballnation. In: Der Tagesspiegel, 31. 10. 91.
– Ungefönt und fern der Heimat. Wie aus den Ostdeutschen allmählich Gesamtdeutsche werden: das Beispiel des Fußballklubs Hansa Rostock. In: Der Tagesspiegel, 2. 11. 91.
– Emma macht sich nicht mehr frei. Wie deutsche Dichter am Fußball leiden. In: Frankfurter Rundschau, 20. 6. 92.
– Ein Fingerzeig aus Dänemark. In: Frankfurter Rundschau, 30. 6. 92.
– Mit „Günna" und Firlefanz in die Jetztzeit des Fußballs. Sat 1 läßt mit seiner Bundesligasendung „ran" die verstaubte Sportschau hinter sich. In: Frankfurter Rundschau, 17. 8. 92.
– Fußballdeutsche – eine Macht, die von unten kommt. Türkiyemspor Berlin: Ein ungewöhnlicher Verein, seine Fans, seine Erfahrungen mit den Rechtsradikalen und dem Erfolg. In: Frankfurter Rundschau, 5. 12. 92.
– Sensible Gemeinschaft zwischen Geist und gemeinem Spiel. Der Sportclub Freiburg versucht mit beachtlichem Erfolg, Fußball in einer Stadt populär zu machen, die eigentlich mehr dem Feinsinnigen zugetan ist. In: Frankfurter Rundschau, 3. 2. 93.

Literaturverzeichnis

Die Ausgangsimpulse dieses Buches liegen oft im dunkeln. Es weiß sich zudem in starkem Maß der „oral history", der mündlichen Überlieferung verpflichtet. Was an schriftlichen Zeugnissen dingfest zu machen ist, sei im folgenden aufgeführt:

Beckenbauer, Franz: Ich. Wie es wirklich war. München 1992.

Bizer, Peter / Simon, Sven: Günter Netzer: Rebell am Ball. Frankfurt am Main 1971.

Blickensdörfer, Hans: Keiner weiß wie's ausgeht. München 1983.

Brecht, Bert: Mehr guten Sport. In: Ders.: Werke in fünf Bänden. Band 5: Schriften. Berlin (DDR) 1967.

Breitner, Paul / Schroeder, Bernd (Hg.): Kopf-Ball. Berlin/Frankfurt am Main/Wien 1982.

Brügge, Peter: „Ich habe die Faust in der Tasche geballt". Spiegel-Reporter Peter Brügge über den Nord-Süd-Konflikt im deutschen Fußball. In: Der Spiegel 19/1986.

Buhl, Wolfgang: Dichter im Abseits. Eine kleine Literatur-, Theater- und Sittengeschichte des Fußballs. Rundfunkmanuskript. Sendung: 4. Juni 1978 (Bayern 2).

Busch, Sven: Aufregendes Gras-Puzzle in der Halle. Der Superdome nahe Detroit wird von Pflanzenspezialisten auf die Fußball-WM vorbereitet. In: Süddeutsche Zeitung, 30. 6. 92.

Faßbinder, Rainer Werner: Dichter, Schauspieler, Filmemacher. Werkschau, 28. 5.–19. 7. 1992 (Ausstellungskatalog). Berlin 1992.

Handke, Peter: Die Innenwelt der Außenwelt der Innenwelt. Frankfurt am Main 1969.

Ders.: Die Angst des Tormanns beim Elfmeter. Frankfurt am Main 1969.

Ders.: Ich bin ein Bewohner des Elfenbeinturms. Frankfurt am Main 1972.

Harig, Ludwig / Kühn, Dieter (Hg.): Netzer kam aus der Tiefe des Raumes. Notwendige Beiträge zur Fußball-Weltmeisterschaft. München 1974.

Henscheid, Eckhard: Die Vollidioten. Ein historischer Roman aus dem Jahre 1972. Frankfurt am Main 1978.

Hochgesand, Dieter: Die phänomenale Kontinuität des Unwägbaren. Für den schnöden Alltag ist die Frankfurter Eintracht nicht gemacht. In: Frankfurter Rundschau, 18. 5. 92.

Homann, Ulrich / Thoman, Ernst (Hg.): Als die Ente Amok lief. Geschichten aus den ersten 10 Jahren Fußball-Bundesliga 1963–1973. Essen 1989.

Horak, Roman / Reiter, Wolfgang (Hg.): Die Kanten des runden Leders. Beiträge zur europäischen Fußballgeschichte. Wien 1991.

Hortleder, Gerd: Die Faszination des Fußballspiels. Soziologische Anmerkungen zum Sport als Freizeit und Beruf. Frankfurt am Main 1974.

Kafka, Franz: Briefe an Ottla und die Familie. Frankfurt am Main 1974.

Langmaack, Werner: FC St. Pauli. Glaube, Liebe, Hoffnung. Frankfurt am Main 1992.

Linden, Peter: Einmal Löwe, immer Löwe. Der TSV 1860: Die großen Erfolge. Der tiefe Fall. Die treuen Fans. Frankfurt am Main 1991.

Lindner, Rolf / Breuer, Heinrich Th.: „Sind doch nicht alles Beckenbauers". Zur Sozialgeschichte des Fußballs im Ruhrgebiet. Frankfurt am Main 1978.

Lücker, Walther: Kein Geheimnis, kein Zauber, nur harte Arbeit. Dragoslav Stepanovic, der Mann, der Eintracht Frankfurt zum Spitzenteam machte. In: Frankfurter Rundschau, 15. 5. 92.

Maier, Sepp: Ich bin doch kein Tor. München 1980.

Menotti, César Luis: „Hinter Beckenbauer ein großes Fragezeichen". Spiegel-Gespräch mit Trainer César Luis Menotti über den deutschen und den internationalen Fußball. In: Der Spiegel 6/1986.

Merkel, Max: Mit Zuckerbrot und Peitsche. München 1968.

Rahn, Helmut: Mein Hobby – Tore schießen. München 1959.

Röckenhaus, Freddie: Eine Rose für Dortmund. Drei Teams punktgleich an der Spitze – noch nie war die Kür des Deutschen Meisters so dramatisch. In: Die Zeit, 15. 5. 92.

Sartre, Jean-Paul: Kritik der dialektischen Vernunft. Reinbek 1967.

Schulze-Marmeling, Dietrich: Der gezähmte Fußball. Zur Geschichte eines subversiven Sports. Göttingen 1992.

Schumacher, Toni: Anpfiff. München 1987.

Seitz, Norbert: Bananenrepublik und Gurkentruppe. Die nahtlose Übereinstimmung von Fußball und Politik 1954–1987. Frankfurt am Main 1987.

Setzepfand, Walter: Max Morlock: 13 – meine Glückszahl. München 1961.

Viellvoye, Jo: Borussia Dortmund. Die Geschichte einer großen Mannschaft. München 1966.

Wolf, Ror: Punkt ist Punkt. Fußball-Spiele. Frankfurt am Main 1971.

Ders.: Die heiße Luft der Spiele. Frankfurt am Main 1980.

Ders.: Das nächste Spiel ist immer das schwerste. Zürich 1990.

Buchanzeigen

Beck'sche Reihe – Eine Auswahl

Thomas Bergmann
Giftzwerge
Wenn der Nachbar zum Feind wird
90. Tausend. 1992. 183 Seiten. Paperback
Beck'sche Reihe Band 473

Rolf Wilhelm Brednich
Die Spinne in der Yucca-Palme
Sagenhafte Geschichten von heute
341.–370. Tausend. 1993. 157 Seiten. Paperback
Beck'sche Reihe Band 403

Rolf Wilhelm Brednich
Die Maus im Jumbo-Jet
Neue sagenhafte Geschichten von heute
151.–200. Tausend. 1992. 143 Seiten. Paperback
Beck'sche Reihe Band 435

Rolf Wilhelm Brednich
Das Huhn mit dem Gipsbein
Neueste sagenhafte Geschichten von heute
41.–70. Tausend. 1993. 186 Seiten. Paperback
Beck'sche Reihe Band 1001

Hermann Ehmann
affengeil
Ein Lexikon der Jugendsprache
1992. 156 Seiten. Paperback
Beck'sche Reihe Band 478

Verlag C.H.Beck München

Beck'sche Reihe – Reiseliteratur

Klaus Müller
Den Urlaub überleben
Tausend wirklich brauchbare Reisetips
1993. Etwa 250 Seiten. Paperback
Beck'sche Reihe Band 1034

Elke Freyermuth/Gundolf S. Freyermuth
Berlin
Das Insider-Lexikon
1993. 168 Seiten. Paperback
Beck'sche Reihe Band 490

Mathias Döpfner
Brüssel
Das Insider-Lexikon
1993. 157 Seiten. Paperback
Beck'sche Reihe Band 1007

Josef Oehrlein
Madrid
Das Insider-Lexikon
1993. 176 Seiten. Paperback
Beck'sche Reihe Band 1008

Gisela M. Freisinger
New York
Das Insider-Lexikon
2., durchgesehene und überarbeitete Auflage. 1993
181 Seiten. Paperback
Beck'sche Reihe Band 422

Margit Knapp-Cazzola
Turin
Das Insider-Lexikon
1993. Etwa 160 Seiten. Paperback
Beck'sche Reihe Band 1019

Verlag C.H.Beck München